キャリアデザイン入門

● 自分を探し、自分をつくる

古田克利 Katsutoshi Furuta

Introduction to
Career Design

ナカニシヤ出版

は じ め に

▶キャリアデザインの必要性

19世紀末から20世紀への転換期において，大企業が形成・確立し，雇用の長期化にもとづく「労働の固定化」が進んだ（國島 2014）。さらに，先進国における労働組合の組織化や社会保障制度の整備による福祉国家化が，企業と社会に一定の安定をもたらすことを可能にした。その時代に確立されたのが「伝統的キャリア」と呼ばれる，労働者のキャリアデザインのあり方であった。それは，特定の企業内で長期的，安定的に形成されるキャリアを意味する。伝統的キャリアの時代の多くの労働者にとっては，学校卒業後，大企業に就職することが，長期的，安定的に形成されるキャリアのスタート地点であった。同時に，就職以降のキャリアデザインは企業に全面的に委ねられるという意味において，自らの意思決定にもとづくキャリアデザインのゴール地点でもあったといえる。

1970年代以降，先進国では経済の長期的な停滞や貿易自由化の進展の影響を受け企業の事業の規模縮小や再構築が推し進められた。その結果，米国では長期雇用は崩壊し，雇用の流動化が進み，人材マネジメント理論の再構築が迫られることとなった。そのような時代背景のもと，特定の企業内で長期的，安定的に形成される「伝統的キャリア」に代わる，新しいキャリアデザインのあり方を表す用語が多く誕生する。それは「バウンダリレス・キャリア」や「プロティアン・キャリア」などと呼ばれるものである。これらの新しいキャリアデザインのあり方に共通する理念は，「キャリア自律」[1]，すなわちキャリアデザインの責任を個人がもつことにある。特定の企業内で長期的，安定的に形成される「伝統的キャリア」に対して，キャリア自律の理念にもとづく新しいキャリアデザインのあり方を「自律的キャリア」と呼ぶ。不特定多数の企業を横断しながら変幻自在に形成されるキャリアをデザインするのは，自分自身でしかない。

米国の後を追うように，1990年代後半以降，日本でも社会と企業のあり方が変化しつつあり，企業の人材マネジメント理論の再構築が迫られるようになった。労働者のキャリアデザインのあり方も，伝統的キャリアから自律的キャリアへ移行しつ

1）キャリア自律の詳細は，第10章第2節「キャリア自律」（☞ pp.120-122）を参照。

つある。そして，2016年には，職業能力開発促進法が改正され，①労働者に「自らのキャリア開発における責任」が課され，②事業主に「労働者が自らのキャリア開発の設計・目標設定，そのための能力開発を行うことの支援」が努力義務として課されることになった（花田 2016）。

　上記のように，20世紀後半から現在にかけて労働者のキャリア観が大きく変化してきており，現在もその変化の途上にある。そして，この時代に生きるわれわれは，年代を問わず自らのキャリアをどのようにデザインしていくべきかが問われている。本書の目的は，この問いに対する答えを導き出すための視点を提供することにある。

▶大学での学び

　本書は，大学で開講されるキャリアデザイン関連科目のテキストとして執筆したものである。大学での学びの目的は，第一に「学術的な知識[2]の獲得をとおして，学ぶ意義を知ること」にあると筆者は考える。さまざまな知識を得ることは，現実[3]の見方を豊富にすることにつながる。現実の見方のことを，その人がもつ世界観と呼び，それは一人ひとり異なるものである。知識を獲得することによって，現実を複数の視点からみる[4]ことができるとわかれば，そのときどきの状況に最も適した見方を選び取ることができるようになる。何か問題が起こったとき，一つの見方だけで物事をみていると解決に至らないことが多い。また，一つの見方にこだわってしまうと，それ以外の見方を否定してしまいがちになる。物事を否定することは，思いのほか心のエネルギーを消耗し，精神的な苦痛をもたらすこともある。そんなとき，現実を複数の視点から眺め，そのときどきの状況に最も適した見方を選び取ることができれば，日々の生活が随分と楽になるだろう。このことを体験的に知ることだけでも，十分に学びの意義があるといえる。

　大学での学びの第二の目的は「学術的な知識を現実の問題にあてはめ，解決に活かす力を養成すること」にある。キャリアデザインで扱う現実の問いは「私のキャ

2）学術的な知識とは，特定の専門分野（たとえば，心理学や経済学など）でおこなわれる研究によってつくり出された知識を指している。
3）身の回りで起きている現象や，物質的な世界のことを，ここでは現実と表現している。
4）世界観が重層的になる，あるいは複眼的になるともいう。

リアをどのようにデザイン[5]すればよいか」というものである。

そもそもキャリアとは，ラテン語のcarrus（車輪の付いた乗り物）が語源であり，後に，車輪の通った痕跡（轍）を意味するようになった。それが転じて，仕事の経歴，人生の経歴を意味するようになったといわれている。したがって，「私のキャリアをどのようにデザインすればよいか」という問いは，「私の人生の経歴（痕跡）を，どのようにつくり出していけばよいか」と同義である。この問いに対する一つの答えは，常に，深い自己分析にもとづいて行動することだ。

自己分析とは「ある指標（ものさし）を用いて自分のことを明確化し，言語化する作業」を意味する。たとえば，年齢という指標を用いて自分を分析すると「私は＊＊歳」となる。また，性格という指標を用いて自分を分析すると「私は＊＊な性格だ」となる[6]。さらに「3年後にあなたはどのようになっていたいか」の問いに対しては，「役割」という指標を用いることで，暫定的な答えを導き出すことができる[7]。そして「そのために，今どのように日々を過ごせばよいか」の問いに対しては，先の問いへの答えに加えて，「価値」という指標を用いれば，一定の方向性がみえてくるであろう。自己分析のための視点が増えるほど，そのときどきの状況に最も適した見方を選び取ることができるようになる。その視点を提供してくれるのが，キャリアデザイン論にほかならない。

本書において「キャリアデザイン論」とは，キャリアデザインに活かせる諸理論を指している。つまり，「キャリアデザイン論」という名前のついた特定の理論があるわけではなく，キャリアデザインに活かせる諸理論は，心理学を中心として社会学や経営学など，幅広い学問領域にまたがって存在する。

学術的な知識を現実の問題にあてはめ，解決に活かす力というのは，どのような学問であれ，本を読むだけでなく実践を通じてこそ身につくものである。本書で取り上げるキャリアデザイン論を，自分自身あるいは身近な他者のキャリアにあてはめて分析することでそれが可能になるだろう。

---

5) 本来，デザインとは「作品の設計思想を表現したもの」を意味する言葉である。しかし，本書においては，作品の設計思想にとどまらず，それをつくり出す行為をもデザインという言葉の意味に含めている。

6) 自己分析によって明らかにされた（＝言語化された）自分のことを「自己概念」ともいう。よって，自己分析は，自己概念を豊富にしていく作業と言い換えてもよい。

7) ただし，3年後のありたい姿は複数あってよい。また，今後変わりつづけてもよい。

▶本書の構成

　本書は，自己と組織を知るための 11 の視点を取り上げた。第 1 章から第 5 章までは，自己を知るための視点を取り上げており，これを Part 1 とした。第 6 章から第 11 章までは，組織を知るための視点を取り上げており，これを Part 2 とした。

　先述のように，本書は，大学で開講されるキャリアデザイン関連科目のテキストとして執筆したものであるが，対象とする読者は大学生に限定していない。キャリアデザインは，人が生きている限り問われつづけるものである。また，あるときにうまくできたからといって，5 年後も同じ方法でうまくできるとは限らない。環境が変われば，それに応じて打つ手を変えなければならないということも念頭に置いてお読みいただきたい。

　キャリアデザイン関連科目の講義では，本書で取り上げた理論にもとづき，グループ・ワークやレポートの作成をおこなうが，本書だけを手に取られた方のために，随所にワークを設けておいたので，自分自身のキャリアを一つのケースとしてあてはめて，自らを省みる時間をとってみてほしい。

　最後に本書の執筆に際し，株式会社ナカニシヤ出版編集部長の米谷龍幸さんには，企画段階から多くの助言を頂いた。また同社編集部のスタッフのみなさまには丁寧な編集作業をして頂いた。心より感謝申し上げたい。

2019 年 3 月

古田克利

目　　次

はじめに　　i

Part 1　自己を知るための五つの視点

Chapter 1　キャリアとは何か　　　　　　　　　3

1　キャリアの多義性　　3
2　客観と主観の視点　　4
3　狭義と広義の視点　　7
4　過去と未来の視点　　9

Chapter 2　キャリアの転機　　　　　　　　　15

1　キャリア・トランジション　　15
2　キャリア・トランジションの三つの特徴　　17
3　キャリア・トランジションのタイプ　　19
4　キャリア・トランジションへの対処　　20
5　ブリッジズのトランジション・モデル　　22

Chapter 3　キャリアで演じる役割　　　　　　　29

1　ライフ・キャリア・レインボー　　29
2　役割の特徴　　31
3　自己複雑性理論と役割価値期待　　31
4　「活動の束」理論　　35
5　自伝的記憶　　37
6　小　括　　39

---

v

| Chapter 4 | 私の人生の意味 | 41 |

1 価　値　41
2 仕事の意味　43
3 キャリア・アンカー　45
4 ホランドのパーソナリティ・タイプ　51

| Chapter 5 | 私の強み | 53 |

1 社会人基礎力　53
2 リーダーシップ　57
3 マネジャー　58
4 職業能力　60
5 コンピテンシー　64

Part 2　組織を知るための六つの視点

| Chapter 6 | 企　業 | 69 |

1 財務分析①　69
2 財務分析②　71
3 産業分析　76
4 事業分析　76
5 職種分析　79

| Chapter 7 | 賃　金 | 83 |

1 賃金の構造　83
2 雇用形態別にみた賃金　85
3 男女別にみた賃金　86
4 企業規模別にみた賃金　87
5 学歴別にみた賃金　88

目　次

6　産業別にみた賃金　89
7　役職別にみた賃金　90
8　賃金格差からキャリアデザインを考える　90

Chapter 8　継続的事業体　93

1　継続的事業体　93
2　企業の種類　95
3　非営利組織（NPO）　98
4　企業数の実態　102

Chapter 9　就職活動　105

1　インターンシップ　105
2　適性検査　108
3　面　　接　110
4　就職活動の実態　115

Chapter 10　人材マネジメント　117

1　組織社会化　117
2　キャリア自律　120
3　キャリア自律支援　122
4　評価制度　125

Chapter 11　ダイバーシティ・マネジメント　131

1　ダイバーシティ・マネジメント　131
2　女性の就業　134
3　障害者雇用　136
4　高齢者雇用　138

参考文献　　141

事項索引　　146
人名索引　　149

Part 1

自己を知るための
五つの視点

Chapter 1

キャリアとは何か

1 キャリアの多義性

　キャリアという用語が，人材マネジメントや公教育などの分野で頻繁に登場するようになって久しい。ひと昔前であれば，国家公務員のキャリア制度（国家公務員Ⅰ種合格者の登用および昇進のシステム）や民間企業のキャリア採用（中途採用）など，組織のなかの特定の集団を指す言葉としてキャリアという用語が使われていた。そのようなキャリアの意味は今も存在するが，現在ではより広い意味をもつ言葉として，キャリアという用語が使用されている。

　キャリアという言葉は複雑で多面的な用語であり，統一的な定義が存在するわけではない。このことを，キャリアの多義性という。たとえば，キャリアを最も広い意味でとらえると，それは「人生そのもの」である。また，『広辞苑 第6版』によれば，キャリアとは「（職業・生涯の）経歴」となる。さらに，厚生労働省の定義するキャリアは「「経歴」，「経験」，「発展」さらには，「関連した職務の連鎖」等と表現され，時間的持続性ないし継続性を持った概念」（厚生労働省 2002）と，やや複雑な説明がなされている。このほかにも，次にあげるようなキャリアの定義が存在する。

◎文部科学省中央教育審議会によるキャリアの定義
　「人が，生涯の中で様々な役割を果たす過程で，自らの役割の価値や自分と役割との関係を見いだしていく連なりや積み重ね」。（中央教育審議会 2011）

◎D. T. ホールによるキャリアの定義
　「個人の生涯を通じて，仕事に関わる諸経験や諸活動に関連した態度や行動の，個人的に知覚された連鎖」。（Hall 1976）

Part 1　自己を知るための五つの視点

◎ D. スーパーによるキャリアの定義
「人の人生の間に演じられる役割の結合と連続」。(Super 1980)

◎金井壽宏によるキャリアの定義
「成人になってフルタイムで働き始めて以降，生活ないし人生全体を基盤にして繰り広げられる長期的な仕事生活における具体的な職務・職種・職能の諸経験と，その節目での選択が生み出していく回顧的意味づけや将来展望のパターン」。(金井 2002)

　このように，キャリアという言葉には複雑で多様な意味が含まれている。それゆえ，キャリアという言葉が使われる状況によってその意味するところが異なることを知ったうえで，それぞれの状況においてキャリアが何を意味しているかを意識しながら使い分けていくことが大切である。本書では，キャリアを最も広い意味である「人生そのもの」と定義するものの，文脈に応じて柔軟に視点を切り替えながらそれを眺めていきたい。
　本章では，キャリアという言葉をとらえるために代表的な三つの視点を取り上げて解説を加える。三つの視点とは，①客観と主観の視点，②狭義と広義の視点，③過去と未来の視点である。

2　客観と主観の視点

※ 2-1　客観的キャリアと主観的キャリア

　第一の視点は，客観と主観の視点である。具体的には，キャリアを測定する指標（ものさし）が個人の外側にあるもの（＝客観的）か，あるいは個人の内側にあるもの（＝主観的）かによる分類である（表 1-1）。客観的キャリアを外的キャリア，主観的

表 1-1　客観と主観の視点からみたキャリアの分類

客観的キャリア （外的キャリア）	個人の外側の視点から測定できるキャリアの特徴 （例：学歴，職業，職種，役職，年収，資格，家族構成など）
主観的キャリア （内的キャリア）	個人の内側からしか測定することができないキャリアの特徴 （例：仕事のやりがい，仕事や家庭生活における自己効力感，仕事や家庭生活の満足度・価値観など）

キャリアを内的キャリアと呼ぶこともある。

　たとえば，学歴，職業，職種，役職，年収，資格，家族構成などは，その人の外側からみることが可能であるという意味で，「客観的キャリア」に分類することができる。一方，仕事に対するやりがいや，仕事を進めていくうえでの能力感，会社生活に対する満足感，家族生活に対する幸福感，または何を大切にしたいかを表す価値観など，自分がどう思うか，どう感じるか，どう意味づけるかといったものは，その人の内側からしかみることができないという意味で「主観的キャリア」に分類することができる。

　客観と主観の視点からみたキャリアの具体例を，もう少しみておこう。たとえば配置転換や昇進・昇格などの人事異動，人事考課によって算定される昇給や賞与の額そのものに着目する場合には，客観的な側面から個人のキャリアを眺めていることになる。一方，異動や昇進・昇格に対する本人の希望や満足感，仕事に対するやりがいなどに着目する場合は，主観的な側面から個人のキャリアを眺めていることになる。

　では，キャリアを客観と主観の視点からとらえることに，どのような意義があるだろうか。主観的キャリアを意識することを例にしてその意義を考えてみたい。

❖ 2-2　主観的キャリアを意識することの意義

　客観的キャリア（たとえば「異動」）と主観的キャリア（たとえば「高い満足度」）の組み合わせは個人によって異なる，ということに触れておきたい（表1-2）。たとえば，Aさん，Bさんがともに「管理職に昇格すること」は，客観的キャリアの視点からみれば「管理職への昇格」であり個人による違いはない。しかし，主観的キャリアの視点から「管理職への昇格」をとらえる際，Aさんは「管理職に昇格することは喜ばしいこと」と考える一方で，Bさんは「管理職に昇格することは避けたいこと」と考えるように，個人によってまったく逆のとらえ方をすることがある。

　つまり，個人によって客観的キャリアに対する主観的な意味づけが異なる場合があるということだ。この主観的な意味づけのことを，個々人がもつ「キャリア観」

表 1-2　客観的キャリアと主観的キャリアの組み合わせの例

	客観的キャリア	主観的キャリア
Aさん	管理職への昇格	喜ばしいこと
Bさん	管理職への昇格	避けたいこと

Part 1　自己を知るための五つの視点

（＝キャリアの価値観）と呼ぶことにしたい。キャリア観は，個々人のあいだで似ることもあるが，それが個人の主観である以上，完全に一致することはない。このことは，部下のキャリア観と，上司のキャリア観には少なくとも何らかの違いがあるということを意味するということにもなる。

　さらに，それぞれの組織には固有の文化や価値観が存在する。この文化や価値観のことを，それぞれの組織がもつキャリア観と呼ぼう。組織がもつキャリア観は，キャリアパス[1] などの形で人事制度のなかで明確化されていることもあれば，暗黙的に共有されていることもある。

　客観的キャリアに対する主観的な意味づけ，すなわちキャリア観は，部下，上司そして組織によって異なる。そして，キャリア観の違いが互いの意思疎通を困難なものにし，部下のキャリア開発上の問題（たとえば，配属のミスマッチなど）を引き起こす原因になることがよくみられる。つまり，組織内でのキャリア開発上の問題の原因を明らかにするための一つの手段として，客観的，主観的キャリアを意識した視点が役立つこともある。

◈ ワーク 1-1 【客観的キャリア】	
▶客観的な視点から，あなたのキャリアを分析してみましょう。あなたの現在の所属先，家族構成，居住地，保有資格を書き出してみましょう。	
所 属 先	
家族構成	
居 住 地	
保有資格	

1）キャリアパスの例は，図 5-4「アパレル分野のキャリアマップ」（☞ p.62）を参照。

6

Chapter 1　キャリアとは何か

◈ワーク1-2　【主観的キャリア】
▶主観的な視点から，あなたのキャリアを分析してみましょう。あなたの現在の生活は，どのくらい充実していますか。100点満点で点数をつけるとすれば，何点になるでしょうか。仕事（アルバイト），学業（自己啓発），趣味（サークル，部活），家族の側面からみた充実度を分析してみましょう。

仕　事 （アルバイト）	点／100点
学　業 （自己啓発）	点／100点
趣　味 （サークル，部活）	点／100点
家　族	点／100点

3　狭義と広義の視点

　第二の視点は，キャリアをとらえる領域によるものである。具体的には，キャリアをとらえる領域を，仕事に関連した領域（これを狭義のキャリアと呼ぶ）に限定するか，あるいは仕事領域に限定せず家族や趣味の領域にまで広げるか（これを広義のキャリアと呼ぶ）による（表1-3）。

　なお，狭義のキャリアと広義のキャリアを厳密に分けることは難しく，また個人によってその境界線は異なる。さらに，ここでは仕事を軸にして狭義のキャリアと広義のキャリアを分類しているが，必ずしも仕事を軸にする必要もない。たとえば，家庭を軸にして狭義のキャリア（家庭に関連した領域）と広義のキャリア（家庭に限定せず仕事や趣味の領域まで広げた領域）を分類することも可能であろう。重要なことは，キャリアは「人生そのもの」だが，その中身をさまざまな領域に分ける視点を持ち合わせておくことである。

表1-3　キャリアをとらえる領域の視点からみたキャリアの分類

狭義のキャリア	仕事に関連した領域に限定したキャリア（例：職業，職種，役職，年収，仕事上の目標，仕事のやりがい，職業的興味など）
広義のキャリア	仕事領域に限定せず家族や趣味の領域を含めたキャリア（例：狭義のキャリアに加えて，家族構成，趣味，生活全般の満足度など）

7

Part 1　自己を知るための五つの視点

❖ 3-1　役割によるキャリアの分類

キャリア論の研究者である D. スーパー（Super 1980）は，個人的な生活と職業生活を統合的にとらえ，個人の人生における役割を複数に分類した。それは，子ども，学生，余暇人，市民，労働者，および家庭人などの役割である。また，役割の大きさは，個人によって，また個人の年代によっても変化するとしている。複数の役割が束になったものとして人のキャリアをとらえれば，それはまるで色とりどりの虹のようにもみえることから，このモデルは虹のモデル（ライフ・キャリア・レインボー）[2] と呼ばれている。この考え方にもとづけば，広義のキャリアとはすべての役割に関する領域を対象にしたものとなり，一方，狭義のキャリアは労働者としての役割に限定したものと整理することができる。

❖ 3-2　企業におけるキャリア形成支援の視野

これまで従業員のキャリア形成支援といえば，企業内におけるキャリア，すなわち狭義のキャリアに関する支援を指すことが一般的だった。しかし近年では，多くの企業において，広義のキャリアを視野に入れた支援が主流になりつつある。

この背景には，労働者としての役割とそれ以外の役割とのあいだで，ネガティブあるいはポジティブな相互作用の存在が明らかになってきたことがある。具体的には，家事や育児によって生じるストレスが仕事への意欲を低減させたり，介護に関連する問題が仕事への集中力を低減させたりするなどの例があげられる。つまり，家庭人あるいは子どもの役割において生じる問題が，仕事人としての役割にネガティブな影響を及ぼす可能性が指摘されている（これをネガティブ・スピルオーバーと呼ぶ）。一方，家庭生活における満足感が仕事への意欲を高めたり，ボランティア活動での充実感が仕事に肯定的な意味を与えたりするなど，ポジティブな影響も考慮する必要がある（これをポジティブ・スピルオーバーと呼ぶ）。それゆえ部下のキャリアにかかわる問題を解決するうえで，狭義のキャリアだけでなく，広義のキャリアを視野に入れておく必要があるだろう。

ただし，上司と部下の信頼関係が十分でない場合，部下のプライベートに関する問題を扱うことは難しい。また，そもそも上司が部下のプライベートに関する問題を直接的に解決することには限界がある。それでも，①仕事以外の領域でどのよう

---

2) ライフ・キャリア・レインボーの詳細は第3章第1節「ライフ・キャリア・レインボー」（☞ pp.29-30）を参照。

Chapter 1　キャリアとは何か

な問題が生じているのかを部下（後輩）と共有しておくこと，また，②プライベートな問題に対して，企業や地域社会[3] が支援可能な内容を部下に助言することなど，間接的な支援をおこなうことは可能であろう。

◈ワーク1-3　【狭義のキャリア】

▶狭義の視点から，あなたのキャリアを分析してみましょう。あなたの職業経歴を書き出してみましょう。職業経歴にアルバイトを含めて構いません。

期　　間 （＊＊年＊月〜＊＊年＊月）	内　　容

4　過去と未来の視点

　第三の視点は，キャリアをとらえる時間によるものである。具体的には，過去・現在・未来の視点でキャリアをとらえる（表1-4）。

　つまり，これまで歩んできたキャリアはどのようなものだったか，そして，未来のキャリアはどのようなものなのかという視点から，自らのキャリアを俯瞰するのである。そしてその際，それを認識しているのは「今ここにいる，現在の私である」という自覚が，自己のキャリアを分析するうえで重要になってくる。

---

3) たとえば厚生労働省では，高齢者の介護にかかわる政策として地域の包括的な支援・サービス提供体制（地域包括ケアシステム）の構築を推進している。また，子育て支援にかかわる政策（地域子育て支援拠点事業）として，NPO など多様な主体の参画による地域の支え合い，子育て中の当事者による支え合いなど，子育ての不安や悩みを相談できる場を提供する事業を推進している。NPO については，第8章第3節「非営利組織（NPO）」（☞ pp.98–102）を参照。

Part 1　自己を知るための五つの視点

表 1-4　時間の視点からみたキャリアの分類

過去のキャリア	過去に起こった出来事，その出来事が生じたときの感情，その出来事に対する意味づけ
現在のキャリア	現在の仕事や家庭の状況，それらに対する感情，および意味づけ
未来のキャリア	将来の仕事や家族の状況（空想[4]），それらに対する感情，および意味づけ

❖ 4-1　過去のキャリア

　過去のキャリアとは，過去に起こった出来事，その出来事が生じたときの感情，その出来事に対する意味づけのことである。ところで，過去のキャリアは変えられるものだろうか。

　ここでは，過去のキャリアには，変えられる過去と変えられない過去がある，という考え方を紹介したい。たとえば，あなたが会社に入社した頃（あるいは大学に入学した頃）の，印象に残っている出来事を一つあげてほしい。その出来事が起こったとき，あなたはどのような思いをしただろうか。そして，その出来事に対して，今のあなたはどのような意味づけをしているだろうか。

　たとえば，印象に残っている出来事として，お客さまとの電話対応の方法について，①上司から怒られたことを取り上げたとする。②そのときの気持ちは非常に落ち込んでいた，あるいは自信を打ち砕かれるような気持ちになっていたとしよう。一方，③今現在の気持ちは，あの出来事があったおかげでお客さまとの電話対応の仕方が改善され仕事がうまく進むようになった，と肯定的に意味づけているとする。

　上記の例から過去のキャリアには，①出来事としての過去（怒られた事実）と，②感情としての過去（自信を打ち砕かれるような気持ち）と，③意味づけとしての過去（おかげで仕事力が高まったという肯定的な意味づけ），という三つの側面があることがわかる。また，出来事としての過去と，感情としての過去（当時の気持ち）は変化しないが，意味づけとしての過去は変化しうるものだということも理解できるだろう。

　過去のキャリアは変えられないものだ，という場合，それは，出来事としての過

4）　本書では，未来のキャリアを描く際の用語として「空想」を用いる。「創造」としてもよいが，これだと一定のスキルが必要なもの，あるいは質の高いものをつくり出さなければならないといった印象を与えてしまう。また「想像」としてもよいが，これだとある程度現実味を帯びた（現在とつながっている）未来に限定されてしまう印象を与える。さらに「妄想」としてもよいが，この用語はやや病的な印象を与えてしまう。本書では，できるだけ多様で，自由な連想を重視する立場に立ち「空想」を用いた。

Chapter 1 キャリアとは何か

去や感情としての過去を指していることになる。また，過去のキャリアは変えられるものだ，という場合には，意味づけとしての過去を指していると整理できる。

❖ 4-2 未来のキャリア

次に，未来のキャリアについて考えてみたい。未来のキャリアとは，将来の仕事や家族の状況（空想），それらに対する感情，および意味づけを指す。ここで，1年後，10年後，20年後の未来を空想してみよう。未来の空想は，魅力的なものから始めるのがよい。すべてがうまくいっている場合の未来を空想する。もちろん，まったくうまくいっていない場合の未来を空想することもあるだろう（それを否定するものではない）。ここで重要なことは，未来のイメージは，並列的に複数のパターンの未来を空想することが可能であるということである。

❖ 4-3 時間的視点とキャリアの関係

時間的視点とキャリアの関係について，これまでの研究で明らかになっていることは，①過去の意味づけと，②現在の精神的健康状態と，③未来のイメージは，強く関連しているということである。

どういうことかというと，過去への意味づけが否定的であればあるほど（たとえば「あんな出来事は思い出したくもない」「あの出来事は人生の汚点だ」など），現在の精神的健康状態は悪く（たとえば「やる気が出ない」「イライラしている」など），未来のイメージは絶望的になる（たとえば「未来のことなんて考えたくもない」「未来は真っ暗だ」など）。

一方，過去への意味づけが肯定的であれば（たとえば「あの出来事は，私の人生にとって大切な一部だ」など），現在の精神的健康状態は良好で（たとえば「日々いきいきしている」「日々満足している」など），未来のイメージはポジティブで魅力的なものとなる（たとえば「将来の夢がある」「将来が楽しみだ」など）。

個人のキャリアデザインにおいて最も重要なことは，来るべき将来に対して魅力

図 1-1　過去，現在，未来の関係
注）矢印は，相互に影響を及ぼし合うことを意味する。

Part 1 自己を知るための五つの視点

的な目標を設定し，それに向けた努力を今おこなうことである。しかし，先にあげた知見からいえることは，未来のキャリアを考える際，過去のキャリアに対する意味づけや，現在の精神的健康状態の影響を無視することはできない，ということである。自身のキャリアをデザインするにあたって，過去の出来事を肯定的に自己受容することや，現在の精神的健康状態を良好に保つことなども重要だ。過去の出来事や，現状に対して否定的な認識をもってしまっていては，いくら未来のキャリアをポジティブに展望しようとしても難しい。過去の出来事や，現状への否定的な認識を変容させるためには，過去の出来事をじっくり振り返ることや，他者による共感などが有効である。

◈ワーク1-4 【過去のキャリア①】

▶これまでの人生を振り返り，印象に残っている出来事を三つあげてください。そのときの気持ちもあわせて思い出してみましょう。できるだけ，過去の出来事と過去の気持ちを区別して整理してみましょう。

出来事	そのときの気持ち

Chapter 1　キャリアとは何か

✎ワーク1-5　【過去のキャリア②】

▶ワーク1-4【過去のキャリア①】であげた出来事が，今のあなたに教えてくれていることがもしあるとすれば，それはどのようなことでしょうか。また，それらの出来事に対する意味づけは，これまでの人生のなかで変化してきたとすれば，どのように変化してきたか整理してみましょう。

✎ワーク1-6　【未来のキャリア】

▶これからの人生において，仮にすべてのことが自分の思いどおりに進んでいくとすれば，1年後，5年後，10年後のあなたは，どこで何をしているでしょうか。空想でよいので，いくつかのパターンを書き出してみましょう。

[1年後]

[5年後]

[10年後]

Chapter 2

キャリアの転機

1 キャリア・トランジション

※1-1 キャリア・トランジションとは

　第2章では，キャリアの節目（キャリア・トランジション）[1]の視点から自己分析をおこなうための諸理論をみていきたい。キャリア・トランジションの説明をするにあたり，あらためて「キャリア」という言葉の意味を振り返っておこう。第1章で述べたように，キャリアという言葉は複雑かつ多面的な用語であり，統一的な定義が存在するわけではない（キャリアの多義性）。キャリアを最も広い意味でとらえれば「人生そのもの」となり，狭い意味でとらえると「仕事の経歴」となる。

　一方，「トランジション」という言葉は，転機，節目，移行を意味する。キャリアの転機を迎えるとき，多くの人は不安や焦りを感じ，また，キャリアの節目における意思決定の内容によって，その後の人生は大きく変化しうる。転機の只中にいるあいだは，それを重大な人生の転機として認識できない場合もある。後になって振り返ってみたときに「あのとき，もう少し慎重に自分の人生について考えてみるべきだった」と，過去の決断を悔やむこともあるかもしれない。自分自身のキャリアをデザインするうえで大切にしておきたいことの一つは，キャリアの節目，つまりキャリア・トランジションと真摯に向き合い，それにうまく対処することである。

※1-2 時代の節目

　ところで，節目という言葉は，人生だけでなく時間の区切りや植物の構造を説明

1）本書では，キャリア・トランジション，節目，転機を同じ意味をもつ用語として用いる。文脈に応じて表記を使い分けているが，それぞれの用語のあいだで意味に違いはない。

15

する際にも使われる。たとえば，日本の歴史を振り返ると江戸時代や戦国時代のような時代区分というものがある。しかし，これらの時代区分は現代の歴史学者が日本の歴史を振り返り，分析した一つの見方にすぎない。

たとえば，20世紀の時代区分は，明治時代，大正時代，昭和時代，平成時代などと和暦にもとづき細かく分析することが可能である。ほかにも，太平洋戦争の前後で時代を区切る場合や，バブルの時代など経済的な状況にもとづき時代を区切る場合などがある。しかし，500年後の歴史学者の視点に立てば，上にあげたような例とは異なる形で20世紀の時代区分を分析すると思われる。具体的には，より大きな括り方で20世紀を区分し，分析するのではないだろうか。

これを人生にあてはめて考えると，次のようにいえる。すなわち，人生の節目を分析するのは，今ここにいる私であって，1年後の私が再度人生の節目を分析する内容と，今ここにいる私が分析した人生の節目の内容は異なる可能性が高い。また，人は直近の過去のこと（たとえば，ここ5年ほどの過去）に関しては，節目を細分化して分析しやすいが，遠い過去のこと（たとえば，20年以上前のこと）に関しては，大括り化しやすくなる。

❖ 1-3　植物の節目

植物の節目の代表例として，竹の節をあげることができる。竹は，円筒状で細長く，横風や雪の重さなどで加わる「曲げの力」に対して本来弱い。しかし，竹特有の節をもつことで，これらの力をうまく分散し強度を保つことができている。また，竹の節の間隔が，最適な強度を保つように自ら制御していることが構造力学的に明らかになっている（佐藤ほか 2016）。

これを人生の節目にあてはめて考えると，次のようにいえるだろう。まず，人生の節目がまったくないという人は，少しのストレスによって心が折れてしまいがちである。人は節目の数が適度に多いほど，これから直面するであろう種々のストレス源に対して，心が折れることなくしなやかに対処することができる。

❖ 1-4　人生の節目

人生の節目（キャリア・トランジション）とは，自己分析によって明らかとなり，言語化できるものであることを強調しておきたい。本章では，このキャリア・トランジションを分析するための指標（ものさし）に関する諸理論を紹介する。それは人生を振り返り，自らのキャリア・トランジションを明瞭に言語化するための視点を

提供することである。これを知ることによって，過去，現在，あるいは未来のキャリア・トランジションを前向きに意味づけ，それに対処することが可能になるだろう。

2　キャリア・トランジションの三つの特徴

J. ギチャードと J. レンツ（Guichard & Lenz 2005）は，さまざまなキャリア・トランジション理論に共通する，以下の三つの特徴を導き出した。

①役割，人間関係，生活，価値観が変化する
②トランジションへの対応には相当な時間を要する
③トランジションへの対処法は，人，時期，状況によって異なる

◈ 2-1　役割，人間関係，生活，価値観が変化する

第一の特徴は，人は誰もが人生において何らかのトランジションを経験する。そしてその経験は，本人が担う役割や他者との関係性，日常の活動，ものの見方や考え方などを大きく変化させる。その変化が大きければ大きいほど，本人はもちろんのこと，周囲に与えるインパクトも大きくなる。それゆえ，その転機を乗り越えて前に進むためには，一定の時間を要することになる。それは，半年程度のこともあれば，2-3年以上要することもあるかもしれない。もっとも，人によっては数日で終わることもあるだろう。

なお「キャリア・トランジションは，主観的な意味づけである」という立場に立てば，次のように説明することができる。すなわち，役割や，人間関係，ものの見方や考え方が変わるような変化が，自分の人生におけるキャリア・トランジションである，ということである。自身のキャリア・トランジションを分析する場合は，このように考えたほうが過去の転機を明確化しやすい。

◈ 2-2　トランジションへの対応には相当な時間を要する

第二の特徴は，トランジションへの対応には，多くの場合，相当な時間を要する。そして，変化への反応様式は，経過時期によってそれぞれ異なるというものである。

たとえば，大学生が大学を卒業し，企業（A社）に就職するとしよう。多くの企業では，4月1日に入社式があり，新入社員はそこで辞令を受け取る。客観的にみ

Part 1　自己を知るための五つの視点

れば，入社式の前日（3月31日）までは学生で，4月1日からはA社の社員となる。しかし，学生の気持ちを考えれば，1年前に就職活動をし始めた頃から徐々に社会人としての自覚が芽生え出していたかもしれない。また，A社から内々定を取得し，内定式を経て入社に至る過程において，A社の社員として自覚が徐々に芽生え始めていたかもしれない。つまり，4月1日以前から「社会人としての私」や「A社の社員としての私」が，心理的には存在することになる。

　一方，入社式を終えたとしても，「私はA社の社員です」と自信をもって言えるようになるまでには一定の時間を要する。新人研修や見習い期間を経て正式配属されるまでのあいだ，本人の気持ちのなかでは，学生の役割と，A社の社員の役割とのあいだを行きつ戻りつしているかもしれない。このように，それまでの役割や他者との関係性，慣れ親しんだ価値観などから一定の距離を置けるようになるまでには，一定の時間がかかる。そして，その過程において，キャリア・トランジションに対する心理的反応がさまざまに変化していくのだが，この点については後に詳しく述べる。

❖ 2-3　トランジションへの対処法は，人，時期，状況によって異なる

　第三の特徴は，外見上は同じようにみえる転機であっても，対処の仕方は人によって異なるというものである。また，同じ人であっても，一つの転機にはうまく対処できても，次の転機にうまく対応できるとは限らない。つまり，人によって，時期によって，状況によって，転機への効果的な対処の仕方は異なる。

　たとえば，新しい仕事に就いたときのことを考えてみたい。人が新しい仕事に就くタイミングは，人事異動や，転職によるものである場合が多い。営業から人事に異動する場合と，人事から経営企画に異動する場合，外見上は「人事異動」あるいは「職務の変化」などのように，同じようなキャリア・トランジションととらえることが可能であろう。

　しかし，本人のキャリア・トランジションに対する対処法は，両者で大きく異なることが予想される。営業から人事に（担当者として）異動する際には，たとえば，視野を「部分」から「全体」へと転換させる必要がある。つまり，個人の営業成績を高める視点（部分最適）から，全社の人材をマネジメントする視点（全体最適）に転換しなければならない。

　一方，人事から経営企画に異動する際には，また違った対処の仕方が求められることになるだろう。たとえば，新事業への投資に関する知識など，営業から人事へ

の異動時には必要とされなかったような知識の獲得が求められる。つまり，上の例では，視点を切り替える対処（営業から人事へのキャリア・トランジション時）と，新たな知識を獲得する対処（人事から経営企画へのキャリア・トランジション時）のように，各キャリア・トランジションで必要となる対処法が異なる。

3 キャリア・トランジションのタイプ

　N. シュロスバーグ（Schlossberg 2000）は，キャリア・トランジションのタイプを，①自分で選んだ転機，②突然の転機，③ノンイベント型の転機の三つに分類した。

❀ 3-1　自分で選んだ転機

　第一は，自分の意思決定にもとづく転機である。このタイプの例として，進学，就職，結婚などがあげられる。一般的に起こるだろうと予想される出来事によって生じる，人生の変化を指す。ここで「出来事によって生じる，人生の変化」と表現したことに留意してほしい。つまり，キャリア・トランジションとは，起こった出来事だけを指すのではなく，出来事の前後の変化や，変化の過程を含めたものであるということだ。

❀ 3-2　突然の転機

　第二は，たとえば事故や病気，法律や人事制度の変更などによって引き起こされる（予想していなかったような）転機である。それが不幸な出来事であっても幸福な出来事であっても，感情的な動揺は避けられず，変化に対応するスキルが試される。とくに，ネガティブな「突然の転機」が生じた場合，転機に直面した際に受けるショックは大きく，怒りや悲しみを感じることがある。それゆえ，ネガティブな「突然の転機」に直面すると，それを自分の人生に起こった出来事として心理的に受け入れるのに長い時間を要することがある。予期せぬ転機を心理的に受け入れることができないあいだは「自分の人生は，こんなはずではなかったのに」というような，現実と理想の葛藤を抱えつづけることになる。

❀ 3-3　ノンイベント型の転機

　第三は，予想していた出来事が起きないことから生じる人生の変化である。たとえば，転職活動がうまくいかずに今の仕事をつづけていたり，管理職になれると信

じていたがなれなかった場合，予定していた留学が何らかの事情で実現しなかったことや，結婚しようと考えていたが独身のままでいることなどがこれにあたる。

ノンイベント型の転機は，出来事が起こらないために，それをリアルタイムに把握することが難しい。そして，ノンイベント型の転機は，人生に対してじわじわと影響を与える。予想していた出来事にこだわりすぎてしまうと，変化に適応できず，知らず知らずのうちに心を苦しめている可能性もある。

4 キャリア・トランジションへの対処

シュロスバーグ（Schlossberg 2000）は，トランジションでの変化に対処するために，「状況（Situation）」「自己（Self）」「支援（Support）」「戦略（Strategies）」の四つのリソース（資源）を評価し，ケースを理解するのがよいとした（4S システム）。

過去のキャリア・トランジションを振り返り，自身を取り巻く四つのリソースがどのようであったかを分析しておくとよい。そうすることで，今後，キャリア・トランジションに直面した際に，自身を取り巻くリソースを冷静に分析できるようになるだろうし，そこでみえてくる課題に対してうまく対応できるようになるだろう。

❖ 4-1 状　況

転機に直面している個人の状況を指す。トランジションの，①発生時期や②原因，③影響の継続期間，④類似した状況での過去の経験（対処法）などは，個人ごとに異なる。これらの状況要因を評価することから，対処は始まる。

とくに，状況要因は自分の外部にあるものとして感じられてしまうため，その状況をどれほど自己コントロールできるかを評価することが大切になる。また，状況を評価する際，本人の主観的な見解と，客観的情報を分けて整理することも忘れてはならない。とくに，本人の主観的な見解は，時間が経てば変化するため，「今のところは」とひと言添えて分析してみるとよい。

❖ 4-2 自　己

次に，転機に対処する個人の属性や特性を明らかにすることである。属性は，本人の①経済状況，②健康状態，③家族状況などが該当する。これらを明らかにする理由は，個人の属性によって選択可能な対処方法が異なるためである。

特性は，本人の④発達段階，⑤楽観性，⑥自己効力感，⑦価値観などの心理的特

性が該当する。本人の心理的特性を理解しておく理由は，その後の対処の良し悪しにかかわってくるためである。

　これらのことは，自己理解や自己分析によって明らかにしておくことが可能だが，自己は常に変化しつづけているという立場に立てば，キャリア・トランジションに直面するたびに，自己分析をおこなうのがよいだろう。「あのときはこのような性格特性をもっていたが，それに加えて現在は，このような性格特性ももつようになった」などと，転機のたびに自己分析をおこなうのである。

❖ 4-3　支　　援

　転機において，本人が活用できる外部からの支援である。たとえば，①家族，②友人，③組織，④第三者機関などがあげられる。まず，転機を乗り越えるために周囲から適切なサポートを得られているか，またサポートを得られる可能性があるかを評価する。また，そのサポートに対して，本人が十分と考えているか，あるいは不足と感じているかを評価する必要がある。

　転機において周囲のサポートが得られないと，本人は無力感を抱く状態に陥り，対処がいっそう困難になる。「キャリア・トランジションにうまく対処するためには，外部からの支援が必要になる」ことを知っておくことが，まずは重要になるだろう。

❖ 4-4　戦　　略

　転機に対処するためのアプローチやその根拠である。一般的に，置かれた状況を再評価し，さまざまな日々の活動を戦略的に活用することによって自分で状況をコントロールすることができるようになれば，変化によるストレスを軽減させることができる。

　しかし，どのような状況にも有効な万能薬があるわけではない。場合によっては「何もしない」ことが最善の戦略であることもありうる。試行錯誤しながら，どのような戦略を自分がとっているか，それはどのような理由でそうしているのかを，常に客観的に意識しておくことが大切である。

Part 1　自己を知るための五つの視点

5　ブリッジズのトランジション・モデル

❖ 5-1　3ステップ・モデル

　W.ブリッジズ（Bridges 1980）は，トランジションを「ある状態が終わり，別の状態が始まるまでの移行の過程」ととらえ，その過程は，終焉，中立圏，開始の3ステップからなると仮定した。つまり，このモデルにもとづけば，トランジションは「終焉（何かの終わり）」から始まり，「開始（新しい始まり）」で終わる。そして，そのあいだの期間を「中立圏（混乱や苦悩の時期）」と呼ぶ。

1）終　焉

　終焉とは，今まで慣れ親しんだ社会的な文脈からの離脱，アイデンティティの喪失，その人の世界がもはや現実でないとの覚醒，方向感覚の喪失などの「何かの終わり」を経験することである。しかし，それを経験した時点で，それが終焉だと認識することは難しい。たいていの場合，その経験を振り返り，あのときの出来事が終焉だったのかもしれない，というように後々になって意味づけがなされる。

2）中立圏

　中立圏とは，古い生き方と新しい生き方のあいだの期間のことで，一時的な喪失状態に耐える時期である。この時期には，今までと違う見方で世界をみたり理解したりする変容体験や，深刻な空虚感が経験される。新しい生き方に突入するために，相当なエネルギーを要することもある。そのエネルギーの充電期間が，中立圏なのだと考えることもできる。中立圏にいるあいだは，焦ることや苦悩に耐えなければならないこともあるかもしれないが，拙速に中立圏を飛び出す行動をとることは，結果として中立圏にとどまる期間を長引かせることになりかねない。

3）開　始

　開始とは，一つのキャリア・トランジションの終わりを意味する。新たな行動を開始したり，新たな考え方に切り替わったり，もやもやしていたものが吹っ切れたりする瞬間のことである。一つのキャリア・トランジションは，終焉によって始まり，開始で終わるのである。

22

Chapter 2　キャリアの転機

❖ 5-2　四つの法則

　ブリッジズ（Bridges 1980）は，これらのプロセスからなるトランジションの特徴
を四つの法則にまとめている。それぞれの法則を紹介し，そこから得られる教訓を
考えてみたい。

> **法則1：トランジションのはじめの頃は，新しいやり方であっても，昔の活
> 　　　　動に戻っている**

　ある活動が終わることに対する悲しみを味わうことは，苦痛なものである。それ
ゆえ，環境が変化し，新しい活動に対して新たな気持ちで立ち向かおうと意気揚々
とした状況であっても，はじめの頃は昔のやり方を繰り返していることも多い。そ
れは，これまでの活動が終わることに対する悲しみを味わうことへの抵抗，あるい
は抑圧によって生じるともいえる。

　この法則から得られる教訓は，ある活動が終わることに対する悲しみを素直に感
じ取ることである。その悲しみは誰しもが感じるものであって，弱い者だけが感じ
るものではない。それゆえ，その感情を恥じたり，抵抗したり，抑圧したりする必
要はない。

> **法則2：すべてのトランジションは何かの「終わり（＝終焉)」から始まる**

　新しいものを手に入れる前には，古いものから離れなければならない。それは外
的にも内的にもいえることである。しかし，一般的に古いものから離れることは難
しい。外的な変化が起こっているにもかかわらず，何かの「終わり」に直面してい
ることに気づけないこともある。

　この法則から得られる教訓は，トランジションを前向きなものとしてとらえ，人
生に何らかの変化の兆しが訪れようとしているときに「終わり」を意識することだ
ろう。もちろん，終わっていないものを無理に終わらせる必要はない。また，たと
えば人間関係を終わりにしたいと思う場合，絶交という方法だけが「終わり」を意
味するものではない。ある人との付き合い方を変える，あるいは，ある人に対する
考え方を変えるなど，人間関係をつづけながら「終わり」を意識することもできる
だろう。

Part 1　自己を知るための五つの視点

法則3：自分自身の「終わり（＝終焉）」のスタイルを理解することは有益だ
が，誰でも心のどこかでは，人生がそのスタイルに左右されている
という考えに抵抗する

　トランジションに対する反応の仕方は，何かの「終わり」に対処するために身に
つけてきたスタイルである。幼い頃から育まれてきたこのスタイルは，外的な環境
変化とそれによって引き起こされる内的な苦悩を扱うときの，個々人の対処法であ
る。

　たとえば，何かが終わることに直面することから逃げてきた人であれば，そのパ
ターンは多くのトランジションで同じように繰り返される。そして，あらゆる変化
に抵抗してしまうパターンができあがってしまい，それが人生のあり方に影響を与
えているかもしれない。さらに，上記のような考え方にさえ抵抗してしまい，なか
なかそのパターンから抜け出すことができない状況もあるだろう。法則3は，人は
誰もが，その人独自のパターンに支配されていることを意味している。

　この法則から得られる教訓は，自分自身の「終わり」のスタイルを理解し，その
スタイルが自分の人生全体にどのような影響を与えているかを客観的に分析する必
要がある，ということだ。もし，キャリアの途上で悩むときがあれば，このスタイ
ルが何らかの影響を及ぼしている可能性がある。客観的な視点からそのスタイルを
認識することができれば，そのスタイルとは別の方法を選択肢として検討できるよ
うになる。複数の選択肢があれば，これまでどおりのスタイルで対処する方法を選
択することも，別の方法を選択することも可能になり，そのときどきの状況によっ
て，決定することができるようになる。

法則4：まず何かの「終わり（＝終焉）」があり，次に「始まり」がある。そ
して，その間に重要な空白ないしは休養期間が入る

　「終わり」の扱い方をどのように身につけたにせよ，「終わり」はトランジション
の第一局面である。第二局面は「喪失・空白」の時期（＝中立圏）であり，やがて納
得できる生活パターンや方向性が見出される。そして第三局面が新たな「始まり」
である。中立圏での戦略は，5-4で述べる。

Chapter 2　キャリアの転機

表 2-1　トランジションの領域と具体例

関係の喪失	家族，友達，ペット，あこがれのヒーローなど，何かとのつながりが失われる場合など
家庭生活での変化	結婚，出産，家族の病気と回復，進学や進級，家の新築，家庭生活の内容や質の変化など
個人的な変化	自分の病気と回復，大きな成功や失敗，食生活の変化，入学や卒業，外見上の変化など
仕事や経済上の変化	解雇，退職，転職，組織内での配置転換，収入の増加と減少，昇進と停滞など
内的な変化	社会的・政治的自覚の深まり，心理学的洞察，自己イメージや価値観の変化など

❖ 5-3　トランジションの具体例

　トランジションが生じる領域と，具体的な出来事の例を表 2-1 にあげる。これを見ると，人生のあらゆる場面でトランジションが生じていることがわかる。また，トランジションは考え方の変化など，目に見えない変化も含む。

❖ 5-4　中立圏での戦略

　ブリッジズ（Bridges 1980）は，中立圏にいることの意味を見出すための方法として，次の五つの方法を提案する。これは，転機をスムーズに乗り越えるヒントでもある。

①中立圏で過ごす時間の必要性を認める
②一人になれる特定の時間と場所を確保する
③中立圏の体験を記録する
④自叙伝を書くために，ひと休みする
⑤この機会に，本当にしたいことを見出す

Part 1　自己を知るための五つの視点

◆ワーク 2-1　【ライフラインチャート】

▶転機を分析するために，ライフラインチャートを書いてみましょう。生まれてから現在までの
あいだに起こった主な出来事を書き出し，充実度を曲線で表してください。また，価値観や考
え方，または生活環境が大きく変わった転機に☆印をつけてみましょう。

-5	充実度	+5
	0歳	
	現在	

Chapter 2　キャリアの転機

◈ワーク 2-2 【キャリアの転機】

▶ワーク 2-1【ライフラインチャート】を振り返り，ブリッジズの転機の 3 ステップ・モデルに
もとづき，これまでのキャリアを分析してみましょう。自分にとって大きな転機を三つ取り上
げ，その転機の前後の時代名称を考えてみましょう。できるだけ自由に，オリジナリティのあ
る時代名称をつけてみましょう。次に，転機を振り返り，終焉と開始の出来事を書き出してみ
ましょう。

〈記入例〉

転機の名称	「　　　　　　吹奏楽熱中　　　　　　　時代」から 「　　　　　　大学受験勉強　　　　　　時代」への転機	
終焉の出来事	20＊＊年 8 月	高校 3 年の夏合宿中に OB から「将来どうするの？」と聞かれた。そのときから，何となく大学受験のことを本気で考え始めるようになった気がする。
開始の出来事	20＊＊年 11 月	10 月の引退後もときどき部活の練習に参加していたが，11 月の模試の結果を見たときに，これはまずいと思い本気で受験勉強を始めた。
中立圏の期間 と状況	4 か月	8 月以降，受験勉強を始めていたが本気になれていなかった（逃げたい気持ちがあったかも）。10 月の引退後も，部活に未練があり，部室に顔を出していた。

◎転機 1

転機の名称	「　　　　　　　　　　　　　　　　　　時代」から 「　　　　　　　　　　　　　　　　　　時代」への転機	
終焉の出来事	年 　　　　月	
開始の出来事	年 　　　　月	
中立圏の期間 と状況		

Part 1　自己を知るための五つの視点

◈ワーク2-2　【キャリアの転機】（つづき）

◎転機2

転機の名称	「＿＿＿＿＿＿＿＿＿＿＿＿＿＿＿＿＿＿時代」から 「＿＿＿＿＿＿＿＿＿＿＿＿＿＿＿＿＿＿時代」への転機	
終焉の出来事	＿＿＿＿年 ＿＿＿＿月	
開始の出来事	＿＿＿＿年 ＿＿＿＿月	
中立圏の期間 と状況		

◎転機3

転機の名称	「＿＿＿＿＿＿＿＿＿＿＿＿＿＿＿＿＿＿時代」から 「＿＿＿＿＿＿＿＿＿＿＿＿＿＿＿＿＿＿時代」への転機	
終焉の出来事	＿＿＿＿年 ＿＿＿＿月	
開始の出来事	＿＿＿＿年 ＿＿＿＿月	
中立圏の期間 と状況		

Chapter 3

キャリアで演じる役割

1 ライフ・キャリア・レインボー

※ 1-1 時間と役割の次元からとらえるキャリア発達モデル

　アメリカのキャリア研究の第一人者である D. スーパー（Super 1980）は，キャリアを「人の人生の間に演じられる役割の結合と連続である」と定義した。また，そこで演じられる役割は，ときには重なり合い，相互に影響し合うものであるという。そして，人は生涯にわたり，それぞれの時期に応じた多様な役割を演じるものであるというキャリア発達理論を提唱した。

　それぞれの役割が虹のように重なり合う様子から，このモデルはライフ・キャリア・レインボー（Life-Career Rainbow）と呼ばれる。職業を中心としたそれまでのキャリア発達のとらえ方に対し，時間と役割という二つの次元から人のキャリア発達をとらえる点が，この理論の最大の特徴であるといえる（図 3-1）。

　取り巻く環境に応じて自身の役割の組み合わせが変化する視点，言い換えると，キャリアは生涯をとおしてダイナミック（動的）にデザインされつづけるものであることを，このモデルは気づかせてくれる。また，そのときどきによって，一人の人が担える役割には時間的にも心理的にも限界がある。この限られた時間的，心理的資源を，自身の役割にどう配分すべきか，長い人生のなかで今自分はどの役割に注力すべきか——ライフ・キャリア・レインボーのモデルは，そのような視点からの内省を可能にしてくれるものでもある。

※ 1-2 役割を分析する

　役割の例として，子ども，学生，余暇人，市民，労働者，および家庭人などがある。ただし，これらの役割は，この理論が生み出された 20 世紀半ばを生きる人びとをスーパーが観察し導き出したものであり，また多くの人びとが人生で担う最大公

29

Part 1　自己を知るための五つの視点

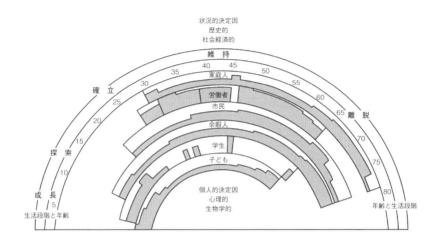

図 3-1　ライフ・キャリア・レインボー（菊池 2012）

約数的なものにすぎない。人のキャリアの最大公約数をシンプルなモデルで提示した点は、このモデルの最大の理論的貢献であろう。しかし、このモデルを自身のキャリアデザインに活かすには別の視点が必要になる。それは、このモデルを手がかりにして、自分の詳細な役割を分析する視点、さらに、自身の価値（大切にしたいこと）にもとづく役割配分をデザインする視点である。

　たとえば、近年の労働市場では、労働者の副業に注目が集まっている。副業のように、本業以外に複数の仕事をしている場合（アルバイトを掛け持ちしている場合も含む）を考えてみたい。このとき、複数の仕事における役割を「労働者」の役割として一括りにするのではなく、「A 社の社員」の役割と「B 社のアルバイト」というように、二つの役割に分けて分析してみる。そうすることで、現状の役割をより詳細に検討することが可能になり、役割のウェイトをどのような方向に変化させていけばよいかなど、今後の指針を立てやすくなるだろう。

　また、近年、人生 100 年時代と称して、生涯にわたる学び直しを通じた知識のアップデートや、新たなスキルの獲得が不可欠な時代とされている。このような時代に生きるわれわれは、常に「学生」としての役割を演じつづけることが求められているともいえる。したがって、個々人のライフ・キャリア・レインボーにおいて、学生の役割の面積がひと昔前に比べて広くなっていくことが予想される。

Chapter 3　キャリアで演じる役割

2　役割の特徴

　第1節で述べた役割は，次に述べる三つの視点（役割参加，役割関与，役割価値期待）から，より詳細に分析することができる。

※ 2-1　役割参加

　自身が実際にその役割を演じた（参加した）程度によって表されるものであり，行動的な要素である。たとえば，1週間のなかで，その役割に費やした時間はどのくらいだろうか。また，その時間の長さによって，役割を順位づけするとどのようになるだろうか。役割の特徴を分析する第一の視点は，このような役割参加の程度によるものである。

※ 2-2　役割関与

　自身がその役割を演じること（関与すること）をどのように感じているかによって表されるものであり，感情的な要素である。たとえば，その役割に関与することに，あなたは肯定的な感情を抱いているだろうか。あるいは，否定的な気持ちを抱いているだろうか。また，特定の役割に割く時間を，今よりも多くとりたいと思っているだろうか。あるいは，もうこの役割を果たすことに対してうんざりしているだろうか。役割の特徴を分析する第二の視点は，このような役割関与時の感情によるものである。

※ 2-3　役割価値期待

　役割価値期待とは，その役割をとおして得られると期待するもの（価値）によって表される。その役割を演じることによって何を得ようとしているのか。あるいは，何が得られると考えているのか。役割の特徴を分析する第三の視点は，役割から得られると期待する価値によるものである。価値にはさまざまなものがあるが，ここでは主な価値の例を紹介する（表3-1）。

3　自己複雑性理論と役割価値期待

　人が自己分析する際には，いくつかの側面がある。それをコンストラクトと呼ぶ場合がある。それは，自分自身を分析する際に着用するいくつかの眼鏡のようなも

Part 1　自己を知るための五つの視点

表 3-1　役割価値期待の例

価　値	内　容
能力の活用	その役割を通じて，自分のスキルや知識を発揮できていると実感することが大切だ
美的追求	その役割を通じて，美しいものを見出す，またはつくり出すことが大切だ
愛他性	その役割を通じて，人の役に立てていると実感できることが大切だ
自律性	その役割を通じて，自律的であると実感できることが大切だ
創造性	その役割を通じて，新しいものや考えを発見したりデザインできることが大切だ
経済的報酬	その役割を通じて，お金を稼いだり，高水準の生活ができることが大切だ
身体的活動	その役割を通じて，身体を動かす機会をもてることが大切だ
社会的評価	その役割を通じて，周囲に成果を認めてもらうことが実感できることが大切だ
リスクテイキング	その役割を通じて，危険な，またはわくわくするような体験を得られることが大切だ

のである。そのようないくつかの側面からできあがった自身の全体像を，パーソナル・コンストラクトと呼ぶ (Kelly 1955)。

　それぞれの眼鏡をとおしてみえる自己像によって，複雑な自己が構成される。この複雑性の度合いは個人によって異なり，自己複雑性とも呼ばれる。そして，自己複雑性の度合いが高いほど自己をとらえる側面が多くあり，また多様である（分化している）ほどストレス源に対する抑うつ反応や身体反応を和らげられるという。これを自己複雑性理論と呼ぶ (Linville 1985)。

　自己複雑性理論にもとづき，ライフ・キャリア・レインボーを眺めてみると次のことがいえるだろう。すなわち，自分が認識する役割の数が多いほど，また役割の特徴が多様であるほど，直面するストレス源に対する抵抗力が強くなる[1]。興味深いのは，自分が認識する自身の役割の数や特徴は，周りの誰かが決定するものではなく，自分が生み出すパーソナル・コンストラクトであるという点だ。つまり，これらの理論にもとづけば，直面するストレス源に対して抗う力は，自己分析をうまくおこなうことによって身につけられるものなのかもしれない。

---

1) ただし，役割の特徴は肯定的なものである必要がある。役割の特徴が自分にとって否定的（ネガティブ）なものが多ければ，直面するストレス源に対して抗う力は必ずしも高まらないとされている。

Chapter 3　キャリアで演じる役割

◆ワーク3-1 【役割価値期待①】

▶ライフ・キャリア・レインボーのモデルにもとづき，現在の活動を10個に分類してみましょう（活動欄）。たとえば，「勉強活動」と大括りにせず，「TOEIC得点向上活動」「簿記2級取得活動」など，できるだけ詳細かつ具体的に分類してください。次に，それぞれの活動において，あなたの役割を書き出します（役割欄）。さらに，各活動に費やしている時間を分析し，時間欄に△（短），○（中），◎（長）の記号を記入してください。

No.	活　動	役　割	時　間
1			
2			
3			
4			
5			
6			
7			
8			
9			
10			

Part 1 自己を知るための五つの視点

	✑ワーク 3-2 【役割価値期待②】

▶ワーク 3-1【役割価値期待①】で分析した活動のなかから，今の私にとって，最も重要だと思える活動を三つ取り上げます。なぜ，この三つを選ぶのかの理由もあわせて考えてみてください。

活動 1	
活動 2	
活動 3	

	✑ワーク 3-3 【役割価値期待③】

▶ワーク 3-2【役割価値期待②】で選んだ三つの活動について，それぞれの活動を通じてどのような価値が得られていると思いますか。あるいは，それぞれの活動を通じて，どのような価値を感じられることがあなたにとって大切だと思いますか。価値の説明を読み，「全く違う（1点）」から「全くその通り（5点）」のうち，最も近いと思う数字を右端の空欄に記入してください。

価 値	説 明	活動 1	活動 2	活動 3
創造性	この活動を通じて，新しいものや考えを発見したりつくり出したりできることが大切だ			
愛他性	この活動を通じて，人の役に立っている，貢献できていると実感できることが大切だ			
自律性	この活動を通じて，自律的であることや，自分のペースで動けていると実感できることが大切だ			
能力の活用	この活動を通じて，自分のスキルや知識を発揮できていると実感できることが大切だ			
達 成	この活動を通じて，良い結果が生まれたという実感や，達成感を得られることが大切だ			
美的追求	この活動を通じて，美しいものを見出したり，美しいものをつくり出せることが大切だ			
身体的活動	この活動を通じて，身体を動かす機会を持つことが大切だ			
社会的評価	この活動を通じて，周囲に成果を認めてもらえていると実感できることが大切だ			
リスクテイキング	この活動を通じて，危険は大きいけれども，わくわくするような体験を得られることが大切だ			
社会的交流性	この活動を通じて，ほかの人と一緒にいて，グループで動けることが大切だ			

34

Chapter 3　キャリアで演じる役割

✎ワーク3-4　【役割価値期待④】

▶結果を参考にしながら，あなたが現在の活動を通じて大切にしている価値を三つ書き出してください。なぜ，この三つを選ぶのかの理由もあわせて考えてみてください。

価値1	
価値2	
価値3	

4　「活動の束」理論

※ 4-1　活動の束

「活動」概念にもとづき，包括的な視点から高齢者のライフスタイルをとらえようとするモデルがある。それを「活動の束」理論という（長谷川 2017）（図3-2）。

この理論における「活動」は複数の行動のまとまりから構成されるものとされており，ライフ・キャリア・レインボーの「役割」と類似する概念であると考えられる。また，「活動の束」理論は高齢者のライフスタイルをとらえるためのモデルとして考え出されたものであるが，高齢者に限らず，若年者が生涯のキャリアを空想する際にも活用できるモデルである。

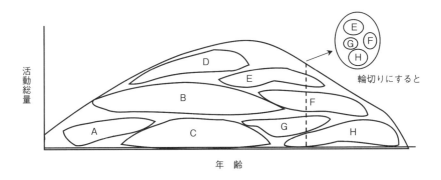

図3-2　活動の束の模式図（長谷川（2017）を参考に作成）

Part 1　自己を知るための五つの視点

❖ 4-2　活　　動

「活動の束」理論において，「活動」概念は次のように定義される。

> **活　動**：長期的なスパンの下で継続し，包括的に，もしくは個別の行動の相
> 互作用によっても強化されている，ひとまとまりの行動を包括する
> ラベル。（長谷川 2017）

「人生を活動の束としてとらえる」というのは，限られた時間のなかで，複数の活動がどのように強化されていくのかを把握するためのメタファー（比喩表現：たとえ話）である。活動を列挙するだけなら簡単にできるようにみえるが，さまざまな行動をどのような活動としてまとめるのか，またそれぞれの行動はどのようなメカニズムで動機づけられているのかを見極めるためには，マクロ（巨視的）な視点と，ミクロ（微視的）な視点を連携させながら分析を進める必要がある。

「活動の束」理論は，次の気づきを与えてくれる。第一に，この理論は，今取り組んでいる個々の作業（タスク）を，個々別々の行動ではなく，持続的で包括的な「活動」に含まれる一つの要素としてとらえる視点を提供するものである。

たとえば，レジ打ちという行動を考えてみたい。レジ打ち行動だけに焦点をあててその成果を考えてみると，誤りなくキーを叩いたり，レジの回転率を上げたりするなどの達成感はたしかに得られるだろう。しかし，「レジ打ち」「品出し」「発注」などといった一連の行動を「活動」概念で大括り化することで，「レジ打ち」行動だけではみえてこなかった成果や意義に気づくことがある。たとえば，その活動を，店舗全体の「事業拡大」活動や，自身の「エンプロイアビリティ（雇用される能力）の向上」活動ととらえてみる。そうすると，一見，単純作業の繰り返しに思えていた作業であっても，それが店舗全体の事業拡大や，自身のエンプロイアビリティの向上につながる作業であると意味づけることが可能になる。そのように意味づけることができれば，全体効率を高めるにはどうしたらよいかを考えたり，自身のスキルを高めるために熟考しながら仕事に取り組んだりするなど，作業に対する動機づけを高めることが期待できる。

第二に，加齢や病気，事故などにより，それまでつづけていた行動を継続することが困難になったとしても，同じ活動に含まれる別の行動に切り替えることで，活動自体は継続することができるようになる。たとえば，野球選手が現役を引退したあとも，スポーツに関するさまざまな行動（クリケットの選手，スポーツクラブの運

36

営，スポーツ番組のレポーターなど）に携わる例がこれにあたる。この例では，「野球選手」を一つの「活動」ではなく「行動」としてとらえている。「野球選手」行動，「クリケット選手」行動，「スポーツクラブの運営」行動，「スポーツ番組のレポーター」行動など一連の行動群をまとめて「スポーツ」活動と名づけてもよいだろう。

　若年者でいえば，子どもの頃からあこがれていた職業（たとえば，パイロットやキャビンアテンダントなど）に，要件に合わず就けないことがわかったとする。そのとき，たとえばパイロットになることによって得られるであろうと考えていたもの（たとえば，世界を飛び回ること）を分析し明確化することで，自分が本当にやりたかったことは「世界を飛び回る」活動に就くことだったことがわかる。すなわち，パイロットという職業は「世界を飛び回る」活動群を構成する一つの職業行動にすぎないことが理解できるようになり，たとえパイロットという職業に就けなかったとしても，「世界を飛び回る」活動群に含まれるほかの職業を探索することが可能になるのである（たとえば，商社の営業など）。

5　自伝的記憶 [2)]

❖ 5-1　自伝的記憶

　自伝的記憶とは，過去の自己にかかわる記憶の総体をいう。自伝的記憶は，過去の経験がそのまま再現されるのではなく，想起する主体である自己が再構成するものであると考えられている。「自己が再構成する」とは，つまり，過去の記憶を思い出すたびに，それを思い出した私によって過去の思い出が書き換えられることを意味する。

❖ 5-2　自伝的エピソード

　自伝的記憶のうち，時間と場所を特定することのできるエピソードのことを自伝的エピソードと呼ぶ。自伝的エピソードには，具体的な過去の出来事だけでなく，その出来事に対する感情や考えも含まれる。ここでは，出来事に対する感情や考えのことを，とくに「出来事に対する意味づけ」と呼ぶことにしたい。これは，第1章で触れた「過去のキャリア」（☞ pp.10-11）を構成する一つの要素（＝意味づけとしての過去）と類似した概念である。

2）当節は，古田（2018）の論考にもとづく。

そして，自伝的エピソードの集合体が自伝的記憶である。したがって，自伝的エピソードも，思い出すたびに更新されつづけるものであるといえる。

❖ 5-3 生涯時期

自伝的エピソードの想起が，過去を「過去化」させ，生涯時期を括る機能をもつとされる。過去を「過去化」させるとは，「現在」と「過去」に区切りをつけることである。たとえば，大きな災害や辛い出来事に遭遇した当事者にとって，あのときの出来事は過去ではなく，連続した長い現在のなかにあると感じられることがある。そのために，新しい「現在」を生きることが困難になっているときがあるかもしれない。そのようなときに，過去の出来事に新たな意味づけを付与（＝再構成）し，過去と現在の非連続性を認識することができれば，過去を「過去化」できたといえる。

一方，生涯時期を括るとは，「A社で働いていた時代」や「B氏と同居していた時代」など，過去の時代区分を形成することをいう。自伝的記憶は，複数の生涯時期によって構成されており，上記のほかに「C中学の時代」「D高校の時代」などの生涯時期の例があげられる。図3-3のように，生涯時期が連続的につながっている場合（「C中学の時代」と「D高校の時代」）もあれば，複数の生涯時期が併存する場合（「A社で働いていた時代」と「B氏と同居していた時代」）もある。また，生涯時期の区切り目には，第2章で述べた「キャリアの転機」があったということもできるが，転機の只中にいるあいだは，それに気づくことは難しい。したがって，過去の出来事を思い出し，再構成することを通じて生涯時期は形成されるのである。

図3-3　生涯時期の例

6 小 括

　本章では，キャリアで演じる役割を分析するための指標を，いくつか紹介してきた。ライフ・キャリア・レインボーは，キャリアを時間と役割の2軸からとらえる視点を提供してくれるものであった。役割というと，「他者から」求められる役割のように，受動的なものとしてとらえがちになるかもしれない。その場合は，役割を「活動」の指標で置き換えることでより能動的に自己分析が可能になるかもしれない。日々の時間を私はどの活動に費やしているか（費やしてきたか／費やしていきたいか）などと，自己のキャリアを主体的な態度で問うことができる。あるいは，それぞれの活動のなかで，私が求められている役割は何かと問い直してみるのもよいだろう。

　過去の活動や役割を分析するうえでは，第2章のキャリア・トランジションの視点が役立つ。過去を振り返り，自身のキャリアの転機がどこにあったのかを考え直すことで，これまでの活動や役割が明確化されたり，新たな過去の活動や役割が意味づけられたりする。そしてそれは，本章第5節で述べた自伝的記憶によって意味づけられた「生涯時期」と呼ぶこともできる。

　自己複雑性が高いほど，つまり自己をとらえる側面が複数あり，多様であるほど，ストレス源に対する抑うつ反応や身体反応が和らげられる。これを自己複雑性理論と呼ぶことは先に述べたが，この理論にもとづけば，第2章，第3章でみてきた自己分析の指標を用いて自己複雑性を高めるだけでも，ストレス耐性が高まる点において自己分析の意義があるといえそうだ。

　しかし，「私は今，この瞬間をどう生きればよいか」というキャリアデザインの本質的な問いに答えるためには，もう一つの指標が必要になる。それが，人生の意味にほかならない。それを，第4章でみていくことにしよう。

Chapter 4

私の人生の意味

1 価　　値

❖ 1-1　価値とは何か

　すべての人は，物事に対する考え方，感じ方，行動の仕方についての特有のパターンをもっている。それは，周りの環境が規定する「望ましいもの，大切なもの」についての見方を，幼少期から現在に至るあいだに個人内に取り入れるからである。それら「望ましいもの，大切なもの」のことを，一般的に価値と呼ぶ。また，価値とは「考え方，感じ方，欲求の相互作用によって生まれるものであり，人の行動に方向づけを与えるもの」でもある。つまり，価値によって人は物事に意味を見出し，また価値によって人は行動を起こす。

　たとえば，なぜ人は働くのか考えてみたい。「働くこと」にどのような価値があるかと問われると，あなたは何と答えるだろうか。生活するためのお金を稼ぐことに「働くこと」の価値がある，と答える人がいたとしよう。そうすると，その人にとって「働くこと」の意味は，生活するためのお金を稼ぐことであり，その人は生活するためのお金を稼ぐために働こうとするだろう。あるいは，自分の能力を試すことに「働くこと」の価値があると答える人がいたとしよう。そうすると，その人にとって「働くこと」の意味は，自分の能力を試すことであり，その人は自分の能力を試すために働こうとするだろう。

　ただし，人はいつでも価値を明確に意識しながら行動しているわけではない。価値がたとえ明確に言語化されていなくても，ある物事に対して内発的に行動づけられることがある。そのとき，人は言葉にはまだできていないが，何らかの「価値」によって動機づけられていると考えるのである。また，「私はこのために生きているのではないか」と思えるほど，ある物事に情熱的になれているときがある。そのとき，人は物事に対して価値を強く感じているということができる。

Part 1　自己を知るための五つの視点

❖ 1-2　キャリアデザインにおける価値

　いきいきと情熱的に物事に打ち込めているあいだ，人は自分らしく生きられていると感じることができるだろう。言い換えると，自分らしいキャリアの痕跡を残す活動ができているといえる。つまり，自分らしい満足のいくキャリアをデザインする（＝人生の痕跡を残す）ためには，今，いきいきと情熱的に物事に打ち込めているかが問われる。それは，仕事，学業，子育てなど，どのような活動であってもよい。また，その行動の源にある「価値」は，お金を稼ぐことでも，自分の能力を試すことでも構わない。

　しかし，ときに人は目の前の物事に情熱的に打ち込めない状態になるときがある。そのようなときは，価値を分析してみるとよい。その活動の価値を明確化し，言語化することによって，あらためて目の前にある物事に対する意味づけが深まり，物事をやり遂げるためのやる気が生まれてくるかもしれない。価値を明確化する際には，一般的な価値を考えるのではなく，「私」にとっての価値を考えることが重要だ。目の前にある活動から得られる自分にとっての価値は何か，得ようとしている価値は何かを考えるのである。

　また，人生の岐路に立たされたとき，意思決定に悩むことがある。たとえば，就職活動中の学生であれば，複数の内定先からどの会社に就職すべきか悩むことがあるだろう。また，転職すべきか，今の会社に残るべきか悩むときがあるかもしれない。そのようなときにも「私の価値」を分析してみるとよい。そうすることで，自分にとって納得のいく意思決定を自分でくだせるようになるだろう。

❖ 1-3　価値の分類

　これまで多くの研究者が，「価値」について研究を重ねてきた。たとえば M. ロキーチ（Rokeach 1973）は，「行動に意味を与えるもの」として価値の機能を想定し，人が求める価値には「最終価値」と「手段価値」の 2 種類の価値があることを提唱した。最終価値とは，究極のあり方を示すものであり「豊かな生活」「平和な世界」「家族の安全」「自由」「喜び」「社会的承認」「真の友情」など，18 種類の最終価値が提示されている。一方，手段価値とは，最終価値に到達するために必要な状態を示すものであり「野心的」「寛容性」「誠実性」「論理性」「創造的」「知性的」「自制的」など，18 種類の手段価値が示されている。

　一方，S. シュワルツ（Schwartz 1994）は，価値が個人の行動の目標であると考えた。具体的には「安全（社会・人間関係・自分自身の安全）」「達成（能力を発揮し，成

42

Chapter 4　私の人生の意味

功を得る）」「快楽（喜び，自分の感覚的満足）」「刺激（興奮，新規性，人生における挑戦）」「慈悲（仲間の福祉を維持し高める）」など，10個の基本的な価値を提示している（Schwartz 1994）。そしてこれらの価値の内容は，世界40か国以上の人びとに共通するものとして確認されているという。

❖ 1-4　価値を明確にする意義

個人の価値を明確にすることは，自己の精神的健康度を高めることがこれまでの研究で明らかになっている。ただし，そこで明確にされる価値は，上記で述べたいくつかの価値の種類のなかから一つを選び取るようなものではない。それは，現在自分がかかわっている各活動について，その活動から何が得られるのか，あるいは何を得たいのかを自ら言語化することによって明確化されるものである。その際，上にあげた価値の分類は，自分だけの価値を言語化する際の手がかりとして利用することができる。

2　仕事の意味 ───────────────────

❖ 2-1　仕事の社会的意味

仕事の意味は「仕事の社会的意味」と「仕事の個人的意味」の二つに分類してとらえることができる（Fox 1980）。「仕事の社会的意味」とは，個人が仕事という言葉に対して抱く一般的なイメージのことであり，「あなたが考える働く目的」と言い換えてもよいだろう。たとえば「仕事というものは，お金を得るためのものである」「仕事というものは，やりがいを得るためのものである」などがあげられる。また，仕事の社会的意味は，それまでに受けた教育や文化を通じて学習されるものであり，これを職業観と呼ぶこともある。

仕事の社会的意味，すなわち職業観は「経済的職業観」「個人的職業観」「社会的職業観」の三つに分類することができる（浦上 2015）。経済的職業観は「生活のためのお金を得たり，生計を立てたりするために働くことが重要である」とする考え方である。個人的職業観は「もっている力を発揮したり，技能を活用したりする場として働くことが重要だ」とする考え方である。そして，社会的職業観は「社会の一員として役割を果たしたり，社会に貢献したりするための手段として働くことが重要だ」とする考え方である。職業観を扱う研究をみると，個人的職業観や社会的職業観が高いほど，所属する組織に適応しやすいことが示されている[1]。また，社会

的職業観や個人的職業観は，さまざまな体験（多様な価値観をもつ人たちとの交流や，価値観を揺さぶられるような経験）をとおして形成されるものであるという。

◈ 2-2　仕事の個人的意味

一方，「仕事の個人的意味」とは，実際に仕事をするなかで受け取っていると感じているもの，または受け取ることを期待するものである。たとえば「仕事をとおして自分の成長を実感している（または，実感したい）」「仕事をとおして周りからの承認を得られている（または，得たい）」など，働くことをとおして実際に個人が得ている（または，得たい）と考えているものを，仕事の個人的意味という。

仕事の個人的意味の具体例として，第3章で取り上げた役割価値期待（☞ pp.31-35）がある。そこでは，仕事に限らず人生で演じるさまざまな役割から得られると期待する価値がリストアップされている。たとえば，「能力の活用（その役割を通じて，自分のスキルや知識を発揮できていると実感できること）」「美的追求（その役割を通じて，美しいものを見出したり，つくり出したりできること）」などがある。

◈ 2-3　仕事の意味深さ

「仕事の社会的意味」や「仕事の個人的意味」は，その内容を分類することに着目した用語である。どのような種類の意味が存在するのか，またどのような種類の意味をもつことがキャリアをデザインするうえで重要なのか，という問いがその背後にはある。

これらの用語に対して，仕事の意味を深く感じている状態のことを「仕事の意味深さ（meaningfulness of work）」と呼ぶ。仕事の意味深さは，その内容（種類）を問わず，その強弱にのみ着目した用語である。また，具体的な意味（具体的な「何か」）を明確に自覚しているか否かは問わない。「私はこれをやるために生きていると思えるほど，仕事に対していきいきと情熱的に取り組めている状態」のことを指している。そして，その何らかの意味を言語化したものが前節で述べた「価値」にほかならない。

1）たとえば，古田（2017）など。

Chapter 4　私の人生の意味

3　キャリア・アンカー

　キャリア・アンカー[2]は「欲求（やりたいこと），価値（大切にしたいこと），能力（できること）が統合された自己イメージ」などと定義される（シャインほか2017）。E.シャインが提唱したキャリア・アンカーは，日本でもよく知られ利用されている概念であるが，一方で「欲求・価値・能力」という複数の側面が含まれていることによるわかりにくさも指摘される。また，キャリア・アンカーはキャリアの中盤以降に適用される概念であり，20歳前後の学生にキャリア・アンカーを用いた自己分析をおこなうことに否定的な態度をとる立場もある。

　本書では，キャリア・アンカーの定義の一側面，つまり「欲求・価値・能力が統合された仕事における自己イメージ」を切り出し，これをあらゆる年代の者が自己分析をおこなう際の手がかりとして活用することを提案する。また，その前提として「欲求・価値・能力が統合された仕事における自己イメージ」は個人が置かれた環境との相互作用のなかで，生涯を通じて変化しつづけるものであるという立場に立つ。つまり，たとえ学生であれ，新入社員であれ，それまでの教育やアルバイトなどの経験を通じて「欲求・価値・能力が統合された仕事における自己イメージ」は形づくられていると考える。

　なお，キャリア・アンカー理論では，個人のキャリア・アンカーは10年程度の仕事経験を通じて次第に明らかになるものとされている（Schein 1990）。また，個人のキャリア・アンカーは，明確化された後では，それほど大きく変化するものではないともいわれている（Schein 1990）。しかし近年では，「人生を通じてキャリア・アンカーは変わっていくのか」という問いに対して「それは，はっきりとは分からない」とシャイン自身が述べているように（シャインほか2017），学術的には未解明な状態であることも指摘しておきたい。

❖ 3-1　キャリア・アンカーの8タイプ[3]

①専門（技術・専門能力）

---

2) キャリアを船の航海に例えて，自らを係留すべき港でアンカー（錨）をおろすことをイメージさせるものである。誰しも最も自分らしく働ける仕事のスタイルがあるとして，それをキャリア・アンカーと呼ぶ（二村 2009）。

45

Part 1　自己を知るための五つの視点

②管理（管理能力）

③自律（自律と独立）

④安定（保障と安定）

⑤起業（起業家的創造性）

⑥貢献（奉仕・社会貢献）

⑦挑戦（純粋な挑戦）

⑧生活（ライフスタイルの調和）

　個々のタイプに対して，ある程度の関心は誰もがもっている。しかし，どうして
もこれだけはあきらめたくないと思うような際立って重要な領域があるとして，そ
の領域を示すラベルとして「キャリア・アンカー」は特定される。

　1）専　　門

　あなたが仕事において最も大切にしたいことが「その領域で自分の技能を活用し，
そのような技能をより高いレベルまで伸ばせる機会を手に入れること」であるなら
ば，あなたのキャリア・アンカーは専門であるといえる。あなたは特定の専門領域
で挑戦課題を課せられるような仕事を得たとき，最も幸せだと感じるだろう。

　2）管　　理

　あなたが仕事において最も大切にしたいことが「組織の階段をできるだけ高いと
ころまで上り詰めること」であるならば，あなたのキャリア・アンカーは管理であ
るといえる。担当する組織が期待どおりの成果をあげたとき，最も自分らしい仕事
をしたと感じるだろう。

　3）自　　律

　あなたが仕事において最も大切にしたいことが「仕事の枠組みを自分で決め，仕
事を自分のやり方で仕切っていくこと」であるならば，あなたのキャリア・アンカ
ーは自律であるといえる。あなたがある組織に所属している場合は，いつどのよう
に仕事をするかについて自分の裁量で柔軟に決められるような仕事に取り組みたい

3）キャリア・アンカーの8タイプの名称は，訳者によってさまざまある。本書では，鈴木
　（2018）の日本語訳を括弧内に表記し，それにもとづく略称を筆者が付与している。

46

と思うだろう。自律的な立場を維持するためならば，あえて昇進や昇格のチャンスを断ることもある。

4） 安　　定

あなたが仕事において最も大切にしたいことが「会社の雇用保障，あるいはその職種や組織での終身雇用権」であるならば，あなたのキャリア・アンカーは安定であるといえる。仮にあなたが自分の才能を発揮してかなり高い水準の仕事をこなすことができるとしても，その仕事の内容や等級にあまりこだわることはないだろう。

5） 起　　業

あなたが仕事において最も大切にしたいことが「リスクを負ってでも，障害を乗り越える能力と意欲をもとに，新たな事業や会社を起こすこと」であるならば，あなたのキャリア・アンカーは起業であるといえる。あなたが将来の事業機会を調べあげたり，評価したりする期間は，組織に雇われの身であることもある。しかし，経営していけそうだと感じると，自分の事業を起こして起業することを考えるだろう。

6） 貢　　献

あなたが仕事において最も大切にしたいことが「もっと住みやすい世界を作ったり，環境問題を解決したり，新製品を開発して病気を治したりするなどといった，何か社会的に価値のあることを成し遂げる仕事を追い求めること」であるならば，あなたのキャリア・アンカーは社会貢献であるといえる。たとえそのために組織を変更しなければならないようなことがあったとしても，このような機会を追求するだろう。

7） 挑　　戦

あなたが仕事において最も大切にしたいことが「一見すると解決困難と思えるような問題の解決に取り組んだり，手ごわい相手に打ち勝ったり，あるいは難しい障害を乗り越えたりすること」であるならば，あなたのキャリア・アンカーは挑戦であるといえる。目新しさや変化，そして難しさそれ自体が目標であって，それが簡単にできることだわかってしまうと急にうんざりしてしまうだろう。

Part 1　自己を知るための五つの視点

8）生　　活

　あなたが仕事において最も大切にしたいことが「自分自身の個人としての欲求や家族の要望，あるいは自分のキャリアの要件のバランスをうまくとり，それらの統合を図ること」であるならば，あなたのキャリア・アンカーは生活様式であるといえる。場合によっては職業のある部分を犠牲にせざるをえないこともあるだろう（たとえば，昇進とみなせそうな異動があっても，人生全体の状況を狂わせてしまうような転勤は断る，など）。

No.	質　　問	点
1	専門的な知識を生かせる分野で活躍したい	
2	チームをマネジメントすることで大きな成果を上げることにやりがいを感じる	
3	仕事の進め方を自由に決めることができる仕事をやっていきたい	
4	自由や自律よりも，将来の保障や安定を得ることが何より重要だ	
5	事業を自ら立案することに魅力を感じる	
6	社会貢献できているという実感を得ることが何より大切だ	
7	難題やとてつもない挑戦課題に立ち向かうような仕事をしていきたい	
8	転勤などで家族に迷惑をかけるくらいなら，その会社を辞めたほうがましだ	
9	仕事を通じて専門技術を磨きあげることで自分のキャリアは成功するだろう	
10	多くの人びとを左右する意思決定を自分で下すような立場を目指す	
11	自律して自由に行動できない仕事をするくらいなら，会社を辞めたほうがましだ	
12	終身雇用が保障されない仕事なら，就かないだろう	
13	組織の一員として働くよりも，自分で事業を起こしてみたい	
14	周りの人びとに喜んでもらえる仕事をつづけていくことが最も重要だ	
15	非常に難しい問題に直面し，それを克服することに最もやりがいを感じる	
16	仕事を犠牲にしてでも，家庭と仕事がうまく両立できるキャリアを目指したい	
17	出世して部下を多くもつより，自分だけの専門性を発揮できる仕事を好む	
18	とにかく出世して部下をたくさんもつことが，私にとってのキャリアの成功だ	
19	完全な自律や自由を獲得したときにこそ，自分らしいキャリアが歩めそうだ	
20	何より安定した企業で働くことが重要だ	

ワーク4-1　【キャリア・アンカー自己チェックシート（簡易版）】

▶次の質問に対し，「まったくそう思わない（1点）」「そう思わない（2点）」「どちらかというとそう思わない（3点）」「どちらかというとそう思う（4点）」「そう思う（5点）」「強くそう思う（6点）」から一つ選択し，点数を記入してください。

48

Chapter 4　私の人生の意味

	◈ワーク4-1　【キャリア・アンカー自己チェックシート（簡易版）】（つづき）	
21	自分のアイデアと努力によって何かをつくりあげる仕事を好む	
22	世のため人のために働くことが大切だ	
23	どうにもならないような局面を打開したとき，最も大きな充実感を感じる	
24	生活や家族にマイナスの影響がないような仕事に就くことが何よりも大切だ	

注）Schein（1990）を参考に作成

◈ワーク4-2　【キャリア・アンカー計算シート】							
▶キャリア・アンカー自己チェックシート（簡易版）の点数を以下に転記し，縦方向に点数を加算してください。							
1	2	3	4	5	6	7	8
9	10	11	12	13	14	15	16
17	18	19	20	21	22	23	24
‖	‖	‖	‖	‖	‖	‖	‖
①	②	③	④	⑤	⑥	⑦	⑧

Part 1　自己を知るための五つの視点

◈ワーク4-3　【キャリア・アンカーの分析シート（簡易版）】

▶ （1）キャリア・アンカー計算シートの合計点を①から⑧の順に記入してください。
　　（2）点数を参考に，大切にしたい価値観の順位（1位〜3位）をつけてください。

タイプ	あなたが大切にしている職業人生における価値観は，	点　数	順　位
専　門	専門領域で自分の専門性を活かし，より高いレベルまで専門技術を伸ばしていくことにある。また，専門技術を磨きあげることで，自分らしさを実感することができるだろう。	①	
管　理	組織の階層をできるだけ高いところまで上り詰めることにある。また，担当する組織が期待どおりの成果をあげたとき最も幸せに感じるだろう。	②	
自　律	仕事の段取りや方法を自分で決定し，裁量性を思う存分発揮することにある。また，自律感を満足させるために，自ら事業を起こそうとすることもあるだろう。	③	
安　定	会社の雇用が保障されていることや，賃金の安定性が約束されていることである。また，終身雇用や一定の定期昇給が約束されるならば，事業主の望むことに忠実に従おうとするだろう。	④	
起　業	少々のリスクを冒してでも，自分自身の会社や事業を起こすことにある。また，自ら頑張れば，結果として成功することを証明したいと考えているだろう。	⑤	
貢　献	多くの人びとのためになるような仕事をやりつづけたいという点にある。また，こうした価値観が満たされないのであれば，異動や昇進の機会を犠牲にすることもあるだろう。	⑥	
挑　戦	解決困難な問題に対峙したり，障害を乗り越える仕事に就くことにある。また，簡単にできるような仕事に対しては，あまり興味を示すことはないだろう。	⑦	
生　活	自分自身の個人的な趣味や家族など，仕事以外の活動と仕事とのバランスをうまくとることにある。また，そのために職業人生のある部分を犠牲にせざるを得ないこともあるだろう。	⑧	

50

Chapter 4　私の人生の意味

4　ホランドのパーソナリティ・タイプ

　J. ホランド（2013）は「職業選択の理論」のなかで，人の特徴は六つのパーソナリティ・タイプによって説明できると説く。六つのパーソナリティ・タイプとは，①現実的（R=Realistic），②研究的（I=Investigative），③芸術的（A=Artistic），④社会的（S=Social），⑤企業的（E=Enterprising），そして⑥慣習的（C=Conventional）である。これらのパーソナリティ・タイプのことを，それぞれのタイプ名称の頭文字からRIASEC（リアセック）モデルと呼ぶこともある（表4-1）。

　一方，個人が身を置く環境（組織など）にも，パーソナリティ・タイプと同じような六つの環境タイプがあり，個人のパーソナリティ・タイプと環境タイプの相互作用によって，人の行動が決定づけられるとした。つまり，人は自分のタイプに関連

表 4-1　ホランドのパーソナリティ・タイプ（ホランド（2013）を参考に作成）

パーソナリティ・ タイプ	特　徴
現実的タイプ	物，道具や機械，動物などを対象とした，明確で秩序だった，かつ体系化された操作を伴う活動を好む。 現実的，実利的，目立たない，ねばり強い，自然的な特徴を示しやすい。
研究的タイプ	物理学的，生物学的，文化的な諸現象を，実証的，抽象的，体系的，および創造的に研究する活動を好む。 分析的，自立的，合理的，内省的，批判的，好奇心旺盛，几帳面な特徴を示しやすい。
芸術的タイプ	芸術的作品の創造を目的とした，物理的素材，言語的素材，あるいは人間自身などを巧みに扱うことが必要な，自由で体系化されていない活動を好む。 表現豊か，開放的，直感的，内省的，独創的，感受性が強い特徴を示しやすい。
社会的タイプ	他者に影響を与えるような，情報伝達，訓練や教育，治療や啓蒙のような，対人的な活動を好む。 協力的，親切，社交的，寛容，温かい，友好的，忍耐強い特徴を示しやすい。
企業的タイプ	組織目標の達成や経済的利益を目的とした，他者との交渉を伴う活動や，他者をコントロールすることを好む。 貪欲，精力的，強気，冒険的，熱心，楽天的，野心的，外向的な特徴を示しやすい。
慣習的タイプ	資料を系統的，秩序的，体系的に扱うことを必要とする活動（簿記，ファイリングなど）を好む。 用心深い，順応的，実利的，規律正しい，ねばり強い特徴を示すことが多い。

Part 1 自己を知るための五つの視点

した仕事に就くことを望み，それと環境タイプがマッチしていれば，職業に満足し，業績も高まるという（Lauver & Kristof-Brown 2001）。

　パーソナリティ・タイプは遺伝と環境の相互作用によって形づくられるものである。したがって，一定の経験を積めば，それが環境要因として作用し，新たなパーソナリティ・タイプが形づくられることになる。このため，ある一時点（たとえば，高校3年生の時点）で明らかになった自分のパーソナリティ・タイプは，その一時点でのパーソナリティ・タイプにすぎない。大学生になり，さまざまなアルバイトやインターンシップの体験を経ることによって，自分のパーソナリティ・タイプは変化することになる。

　また，ホランドの提示した六つのパーソナリティ・タイプは，血液型のように自分の特定の型（たとえば，研究的タイプ）を決定するようなものではない。六つのパーソナリティ・タイプのそれぞれに対して，自分の特徴が関連づいており，それぞれの組み合わせや強弱によって自分の特徴を分析するとよい。

　さらに，仮に自分のタイプが明確になったからといって，そのタイプに合致する組織で働くことができるかどうかはわからない。そもそも，自分のタイプにぴったりあてはまる組織があるかどうかも定かでないし，おそらく厳密に組織のタイプを測定することは困難であろう。これらの限界を理解したうえで，六つのパーソナリティ・タイプを活用できるとよいだろう。自分が大切にしたいと思える価値を言語化するための一つの指標として，六つのパーソナリティ・タイプを参考にしてほしい。

Chapter 5

私の強み

1 社会人基礎力

❖ 1-1 能力の全体像

経済産業省（2006）は，職場や社会のなかで多様な人びととともに仕事をおこなっていくうえで必要な基盤的能力を「社会人基礎力」として提唱し，その育成の普及を図っている。そこでは，まず能力の全体像として，「人間性，基本的な生活習慣」を土台に「基礎学力」と「専門知識」を両翼に掲げられている。そして，「基礎学力」と「専門知識」を実社会で活かす力として「社会人基礎力」を位置づけている（図 5-1）。

「人間性，基本的な生活習慣」とは，家庭生活や幼少期から始める義務教育を通じ

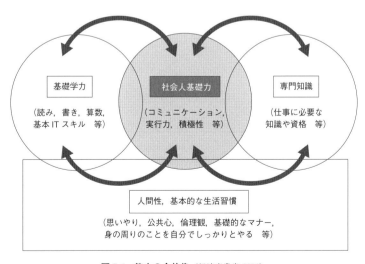

図 5-1　能力の全体像（経済産業省 2006）

Part 1　自己を知るための五つの視点

図 5-2　社会人基礎力[1]

て育まれるものである。たとえば，挨拶をすることや，多様な価値観を知り受け入れることなど，人間社会のなかで生きていくうえで基盤となる態度や行動を指す。

「基礎学力」とは，義務教育および高等教育を受けるなかで育まれるものである。たとえば，文章を読み書きすることや，計算力，あるいは理科，社会などの一般的知識が該当する。

「専門知識」とは，高等教育以降で学習するものであり，より狭い範囲で深いレベルの知識（用語や理論）を指す。たとえば，会計学や栄養学などさまざまである。

そして，基礎学力と専門知識を活かす力である「社会人基礎力」の中身は，次のとおりである。すなわち「前に踏み出す力」「考え抜く力」「チームで働く力」の三つの能力とこれらを構成する12の能力要素が社会人基礎力である。

❖ 1-2　社会人基礎力の項目

1）前に踏み出す力

「主体性」「働きかけ力」「実行力」の3要素からなる。指示待ちにならず，自分事として物事をとらえ，自ら行動できるようになることが求められている。

1）経済産業省「社会人基礎力」〈http://www.meti.go.jp/committee/kenkyukai/sansei/jinzairyoku/jinzaizou_wg/pdf/001_s01_00.pdf（最終閲覧日：2018年11月30日）〉

Chapter 5　私の強み

2）考え抜く力

「課題発見力」「計画力」「創造力」の３要素からなる。一般的には，考える力として論理性などの要素が取り上げられることが多い。ここにあげられている３要素の根底には，論理的思考力が土台として存在していると考えられる。

3）チームで働く力

「発信力」「傾聴力」「柔軟性」「情況把握力」「規律性」「ストレスコントロール力」の６要素からなる。グループ内の協調性だけにとどまらず，多様な人びととのつながりや協働を生み出す力を目指している。

　各々の能力要素は相互に関連し合っており，たとえば「考え抜く力」を高めることにともない，「発信力（自分の意見をわかりやすく伝える力）」も高まっていくと考えられる。
　また，社会人基礎力とは「社会で活躍するために必要な基本的な能力」であり，コンピュータやスマートフォンで例えるとソフトウェアやアプリを動かすのに必要

◈ワーク5-1　【社会人基礎力】			
▶社会人基礎力の内容を読み，「1：全く発揮していない」「2：ほとんど発揮していない」「3：どちらかと言えば発揮していない」「4：どちらとも言えない」「5：どちらかと言えば発揮している」「6：まあまあ発揮している」「7：十分に発揮している」の7点満点で点数をつけてください。また，大分類ごとに，最も高い点をつけた能力を選び（点数に○をつける），その根拠となる具体的なエピソードを空欄に記入してください。			
大分類	能　力	内　容	点　数（7点満点）
前に踏み出す力（アクション）	主体性	物事に進んで取り組む力。指示を待つのではなく，自らやるべきことをみつけて積極的に取り組む。	
	働きかけ力	他人に働きかけ巻き込む力。「やろうじゃないか」と呼びかけ，目的に向かって周囲の人びとを動かしていく。	
	実行力	目的を設定し確実に行動する力。自ら目標を設定し，失敗を恐れず行動に移し，粘り強く取り組む。	
	具体的なエピソード		

55

Part 1　自己を知るための五つの視点

ワーク 5-1　【社会人基礎力】（つづき）

大分類	能　力	内　容	点　数 （7点満点）
考え抜く力（シンキング）	課題発見力	現状を分析し，目的や課題を明らかにする力。目標に向かって，自ら「ここに問題があり，解決が必要だ」と提案する。	
	計画力	課題に向けた解決プロセスを明らかにし準備する力。課題の解決に向けた複数のプロセスを明確にし，「そのなかで最善のものは何か」を検討し，それに向けた準備をする。	
	創造力	新しい価値を生み出す力。既存の発想にとらわれず，課題に対して新しい解決法を考える。	
	具体的なエピソード		
チームで働く力（チームワーク）	発信力	自分の意見をわかりやすく伝える力。自分の意見をわかりやすく整理したうえで，相手に理解してもらうように的確に伝える。	
	傾聴力	相手の意見を丁寧に聴く力。相手の話しやすい環境をつくり，適切なタイミングで質問するなど相手の意見を引き出す。	
	柔軟性	意見の違いや立場の違いを理解する力。自分のルールややり方に固執するのではなく，相手の意見や立場を尊重し理解する。	
	情況把握力	自分と周囲の人びとや物事との関係性を理解する力。チームで物事を進めるとき，自分がどのような役割を果たすかを理解する。	
	規律性	社会のルールや人との約束を守る力。状況に応じて，社会のルールにのっとって，自らの発現や行動を適切に律する。	
	ストレスコントロール	ストレスを感じることがあっても，成長の機会だとポジティブにとらえて肩の力を抜いて対応する。	
	具体的なエピソード		

56

な OS（iOS や Android）に位置する力に相当する。

OS のバージョンアップが定期的に必要なように，高校から大学，大学から企業，また企業内においてもキャリアのステージが高まるにつれて，求められる社会人基礎力のレベルも高まっていくものであると考えられる。

2 リーダーシップ

❋ 2-1　リーダーシップとは

リーダーシップ研究において，最も多く採用されているリーダーシップの定義は「一定の目標を達成するために，個人あるいは集団をその方向に行動づけるための影響の過程」である（柴田・中橋 2003）。一般的に，リーダーシップといえばカリスマ性や統率力などがイメージされることも多い。もちろん，上にあげたリーダーシップの定義にもとづけば，集団を一定の方向に行動づけるために「カリスマ性」や「統率力」は有効な要素であるといえる。しかし，個人や集団を一定の方向に行動づけるためには，「カリスマ性」や「統率力」だけでは十分とはいえない。

また，リーダーシップの定義には，影響を発揮する主体者は明示されていない。つまり，誰がリーダーシップを発揮するかは，それぞれの組織によって異なるのである。一つの組織の管理を任されている者がリーダーシップを発揮する場合もあるだろうし，複数のメンバーが相互補完的にリーダーシップを発揮する場合もある。

先に述べた社会人基礎力を参照すると，「働きかけ力（他人に働きかけ巻き込む力）」が，リーダーシップの本質に最も近いと思われる。つまり，リーダーシップとその発揮は，上に立つ者だけに求められるものではなく，社会で活躍するための基本的な能力としてとらえておいたほうがよいだろう。すなわち，将来的に管理職（マネジャー）を目指す者だけでなく，専門職（スペシャリスト）を目指す者にも，リーダーシップを発揮することが求められる。

❋ 2-2　さまざまなリーダーシップタイプ

リーダーシップ研究では，さまざまなリーダーシップのタイプが提唱されている。たとえば，サーバント型のリーダーシップタイプでは，求められる行動として「傾聴」「共感」「癒し」「気づき」「洞察」「奉仕」「人の成長」「コミュニティの構築」などがあげられる。これらのキーワードに共通している点は，組織メンバー一人ひとりに対する働きかけを重視していることだ。

Part 1　自己を知るための五つの視点

　サーバント型のリーダーシップタイプの対極に位置するのが，変革型のリーダーシップタイプである。具体的には，①危機感の共有，②変革チームの結成，③ビジョンの策定，④ビジョンの伝達，⑤ビジョン実現の支援，⑥短期目標の設定，⑦改善の定着，⑧行動様式の定着，の8ステップの行為によって特徴づけられている。

　サーバント型のリーダーシップタイプが組織メンバー一人ひとりに対する働きかけを重視している点に対して，変革型のリーダーシップタイプの特徴は，集団全体に対して影響力を発揮する点にあるといえるだろう。

❖ 2-3　リーダーシップの条件適応理論

　サーバント型と変革型のどちらを選択するかは，組織が置かれた状況や，管理者に与えられた権限などによって異なる。このように，リーダーシップのタイプと，組織やメンバーの状況との相互作用としてリーダーシップをとらえようとする一連の理論群をリーダーシップの条件適応理論（contingency theory of leadership effectiveness）という。

　たとえば，P. ハーシーと K. ブランチャード（Hersey & Blanchard 1977）が提唱する状況理論（SL 理論：Situational Leadership Theory）では，部下の成熟度（能力や意欲）を軸にして，より適応的なリーダーシップタイプを整理する。たとえば，成熟度が低いメンバーに対しては仕事中心的なリーダーシップタイプが求められるが，成熟度が増すにつれて人間関係志向的なリーダーシップタイプが求められる。さらに成熟したメンバーに対しては，仕事の目標だけを明確に提示した後は，すべてをメンバーに任せたほうがよいとされる（あえてリーダーシップを発揮しないという，リーダーシップのあり方）。

3　マネジャー

❖ 3-1　マネジャーとは

　リーダーシップと同様に，マネジャーにもさまざまな定義が存在する。ここでは M. ミンツバーグ（Mintzberg 1973）の定義するマネジャーについて紹介したい。ミンツバーグによればマネジャーとは「公式組織やその構成単位の一部分を任されている人」をいう。

　たとえば，部活やサークルの部長は，組織を任されているという点でマネジャーだといえる。また，たとえば吹奏楽部のフルート・パートリーダーは，吹奏楽部を

Chapter 5　私の強み

構成する一つの部門（フルート・パート）を任されている点でマネジャーだといえる。企業では，社長をはじめ，部長，課長，エリアマネジャー，店長などがマネジャーに該当する。

❖ 3-2　マネジャーの役割

ミンツバーグは，マネジャーの役割を 10 個にまとめている（Mintzberg 1973）（表5-1）。また，以下にあげる役割は，組織の規模に応じて，部下に権限移譲がなされていることもある。

たとえ自分がマネジャーの地位に就いていなくても，マネジャーの立場に立って考えてみることで，自分がやるべきことにあらためて気づかされることがある。

また，すべての役割をマネジャーが一人で担当することもあれば，役割の大部分を複数の担当者に任せることもある。それを決めるのもマネジャーの役割である。

表 5-1　マネジャーの 10 の役割（Mintzberg（1973）を参考に作成）

①象　　徴
組織の象徴として，法的，儀式的な場面で求められる役割をいう。入社式で社長が挨拶したり，契約書の調印式に部長が出席したりすることなどがこれにあたる。マネジャーの能力に左右されるものではなく，マネジャーという立場にいるからこそ，求められる役割である。
②リーダー
本章第 2 節（☞ pp.57-58）で述べた「リーダーシップ」を発揮する役割である。組織の目標達成に向け，組織メンバーを行動づける。目標を明確に提示することや，組織メンバーへの配慮など，さまざまな行動が含まれる。
③リエゾン
リエゾンとは，「関係」や「連携」を意味する言葉である。ここでは，対外組織との良好な関係を保つ役割を表している。
④情報収集
情報収集の役割をいう。組織内部と組織外部の情報に常に探索し，収集する。
⑤周知伝達
収集した内容を，必要に応じて組織メンバーに伝達する。
⑥広　　報
広報の役割である。組織外部の人たちに，適切な情報を公開したり，役に立つ情報を意識的に流したりする。
⑦企　業　家
組織や事業を再設計したり，改善したりする役割である。

Part 1　自己を知るための五つの視点

表 5-1　マネジャーの 10 の役割（つづき）（Mintzberg（1973）を参考に作成）

⑧障害処理
組織が大きな問題にぶつかったときに対応する役割である。
⑨資源配分
経営資源（人，物，金，情報など）の配分を設計する役割である。
⑩交　　渉
外部組織と重要な交渉をおこなうときに，その任にあたる。

4　職業能力

◈ 4-1　職業能力評価基準

　一部の大企業では，企業独自の人材育成システムおよびそれにもとづく評価基準が整備されている。しかし，それ以外の多くの企業では，十分に企業独自の人材育成システムや評価基準が整っているとはいえないのが現状である。

　厚生労働省は企業独自の人材育成システムを構築する際に参照可能な職業能力評価基準を作成し，人材育成の支援をおこなっている。職業能力評価基準では，職務を遂行するために必要な「知識」と「技術・技能」に加えて「成果につながる職務行動例（職務遂行能力）」を，業種別，職種・職務別に整理している。企業は，職業能力評価基準を参照しながら自社独自の能力評価基準を作成する。それが人事制度の骨格となり，キャリアマップや評価シートなどのサブシステムと連携されることになる（図5-3）。

◈ 4-2　職業能力評価基準におけるレベル区分

　職業能力評価基準では，企業において期待される責任・役割の範囲と難易度により，四つの能力段階（レベル区分と呼ぶ）を設定している。一つの例として，アパレル分野のレベル区分をみてみよう（表5-2）。

　レベル3以上では管理職（マネジャー）系と専門職（スペシャリスト）系に分かれている。このように，専門職系のレベル区分を設定した人事制度のことを，「専門職制度」と呼ぶこともある。

　企業によって，専門職制度の有無は異なる。また，たとえ専門職制度が人事制度のなかに組み込まれている場合であっても，うまく運用されていないケースが多く

Chapter 5　私の強み

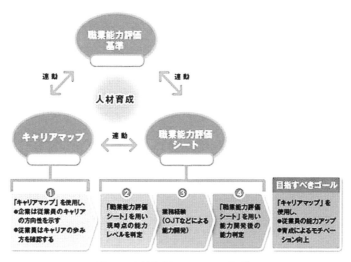

図 5-3　人材育成システムのモデル [2]

表 5-2　アパレル分野のレベル区分 [3]

レベル	レベル区分の目安	
レベル 4	●管理職（マネジメント）系 ・大規模または業績影響度の大きい組織の責任者として，組織目標を設定し，広範かつ統合的な判断及び意思決定を行う能力水準 ・担当組織の責任者として，生産計画や組織目標を設定し，その達成に向けて組織全体を統率するために必要な能力水準	●専門職（スペシャリスト）系 ・担当専門分野に関する極めて高度な知識・技術・技能を有し，高い付加価値を生み出す業務を効果的・効率的に遂行することで，企業利益の創出に貢献できる能力水準
レベル 3	●管理職（マネジメント）系 ・中小規模または業績影響度が通常程度の組織の責任者として，上位方針を踏まえて担当組織の業務計画作成や管理運営を行うために必要な能力水準 ・職長・班長等として，作業現場の管理・監督を行うために必要な能力水準	●専門職（スペシャリスト）系 ・担当専門分野に関する高度な知識・技術・技能を有し，高い付加価値を生み出す業務を遂行できる能力水準
レベル 2	・グループやチームの中心メンバーとして，創意工夫を凝らして，自主的な判断・改善・提案を行いながら業務を遂行するために必要な能力水準	
レベル 1	・担当者として，上司やチーフの指示・助言を踏まえて，定例的・基礎的・補助的な業務を確実に遂行するために必要な能力水準	

報告されている。日本企業のなかでは，専門性を発揮することよりも管理職（マネジャー）としての働きが高く評価されてきた。専門職制度がうまく運用されない理由の一つは，従業員のあいだに，これまでの管理職優位の見方がまだ根強く残っているためであると考えられる。

❖ 4-3 職業能力評価基準におけるキャリアマップ

レベル区分にもとづき，企業内での能力開発の標準的な道筋を示したものがキャリアマップである。部下のキャリアデザインの方向性を，上司と部下が双方の考えを伝え合い，擦り合わせる際にキャリアマップは活用される。それができれば，その実現に向けた具体的な行動を部下に促すことができるだろう。一つの例として，アパレル分野のキャリアマップをみてみよう（図5-4）。

キャリアマップをみると，企業が従業員に求めるキャリアデザインの方向性を読

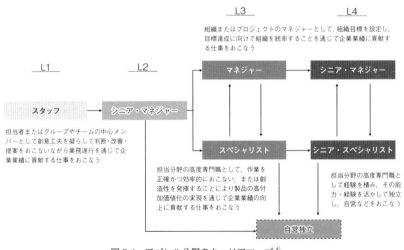

図5-4 アパレル分野のキャリアマップ[4]

---

2) 厚生労働省「職業能力評価基準を核とした人材育成システム」〈https://www.mhlw.go.jp/bunya/nouryoku/syokunou/09.html（最終閲覧日：2018年11月30日）〉
3) 厚生労働省「キャリアマップ，職業能力評価シートのダウンロード」〈https://www.mhlw.go.jp/stf/seisakunitsuite/bunya/0000093584.html（最終閲覧日：2018年11月30日）〉
4) 厚生労働省「キャリアマップ，職業能力評価シートのダウンロード」〈https://www.mhlw.go.jp/stf/seisakunitsuite/bunya/0000093584.html（最終閲覧日：2018年11月30日）〉

み取ることができる。たとえば，アパレル分野のキャリアマップの例をみると，その方向性は「マネジャー」「スペシャリスト」または「自営独立」の三つである。また，「マネジャー」「スペシャリスト」のいずれに対しても「企業業績の向上に貢献すること」が求められている。

　これらキャリアマップやレベル基準に記載されていることは，企業が従業員に求める要求事項と読み取ることもできる。それはつまり，企業がそれを重要であるとするキャリア観にほかならない。第1章で述べたように，企業と個人のキャリア観の相違から，個人が葛藤を抱えることも多い。自分らしいキャリアをデザインするために，キャリアマップやレベル基準を参照しながら，中長期あるいは当面のキャリアの方向性を上司と部下のあいだで十分に話し合い，擦り合わせておくことが重要である。また，そこで生じる葛藤を共有しておくことが重要である。

◈ワーク 5-2 【キャリアマップ】

▶所属先のキャリアマップについて調べてみましょう。また，あなたにとって魅力的なキャリアマップのルートを，理由とあわせて考えてみましょう。

［キャリアマップ］

［理　　由］

Part 1 自己を知るための五つの視点

5 コンピテンシー

※ 5-1 コンピテンシーとは

　コンピテンシーは，1970年代にD.マクレランドがビジネスの世界に導入したものである。以降，高業績者の要因を明らかにすることを通じて，人事に関する採用や評価，育成の場面で活用されてきた。経営学分野におけるコンピテンシーの定義は「ある職務または状況に対し，基準に照らして効果的，あるいは卓越した業績を生む原因として関わっている個人の根源的特性，具体的には，動因，特性，自己概念，知識，スキル」（Spencer & Spencer 1993）である。したがって，経営学分野におけるコンピテンシーは，職務や企業に応じてさまざまであり，職務横断的に必要とされる能力を指しているわけではない。一般的には「特定の仕事において高い業績を出す者の行動特性」として理解しておけばよいだろう。

　一方，教育学分野におけるコンピテンシーの定義は「職業上の実力や人生における成功に直結するような社会的スキルや動機，人格特性も含めた包括的な能力」（石井 2015）とされている。経営学分野のコンピテンシーの定義と異なり，教育学の分野では，汎用的であらゆる職務や企業に共通する能力をコンピテンシーと呼んでいる。場面に応じて，どちらの意味でコンピテンシーという用語が使用されているのかを意識しておく必要があるだろう。

※ 5-2 コンピテンシーを用いた採用

　近年では，新卒採用や中途採用において，コンピテンシーの考え方を導入する企業が増えている。コンピテンシーの考え方を採用に取り入れる際のポイントは以下のとおりである。

①配属する部門を明確にする

　コンピテンシーとは，上で述べたように，「特定の仕事において高い業績を出す者の行動特性」である。したがって，自社の仕事において高い業績を出す者の行動特性を明らかにしておき，そのような行動特性をもつ者を採用することが合理的である。部門によってコンピテンシーは異なるため，今後の成長事業を見定め，採用した人材をどこに配属するのかをあらかじめ明確にしておく必要がある。

②コンピテンシーを明確にする

コンピテンシーを明確にするには，配属予定先の部門で高い業績をあげている者の行動特性を分析する必要がある。具体的には，評価者や本人のインタビューなどを通じて明らかにする。コンピテンシーを分析する際には，成果に関係したと思われる多くの行動例をリストアップし，行動の類似性にもとづき分類をおこなう。3-5 個程度に分類した後，それぞれの行動群にラベルをつけていくのである。そのラベルが，具体的なコンピテンシー名称となる。また，それぞれのコンピテンシー項目が何を表しているのかを言葉で説明しておけば，それが「自社の求める人材像」となる。

③採用面接スキルを高める

自社が求めるコンピテンシーをもつ人材を採用するためには，求人に応募してきた者がそのコンピテンシーを発揮できるかどうかを面接で見極める必要がある。そのためには，応募者がこれまでにとった具体的な行動を，できるだけ多くヒアリングすることになる。そのときどきの状況をじっくりと聞き取り，応募者自身がどのように行動したのかを把握する。そこで情報収集できた行動例が，自社が求めるコンピテンシーに該当するかを判断していくことになる。

では，上に述べたような，コンピテンシーを用いた採用場面において応募者が求められることは何か。そこで求められることは，できるだけ多くの具体的な行動例であって，自分の強みを表す特徴的で独創的なキーワードなどではないことがわかる。もちろん，いくつかの具体的なエピソードを抽象的なキーワード（強み）に集約させていくような思考力（帰納的推論）は，あらゆる企業において求められる汎用的な能力である。また，独創的なキーワードを命名する能力（創造性や独創性など）をみるためにも，自らの強みとなるキーワードを分析しておくことは重要だ。

しかし，コンピテンシー採用の要点は，自社の特定の業務において高い業績を生み出す行動特性をもった人材を採用することにある。したがって，応募者側のとるべき戦略としては，企業の求める人材像（コンピテンシー名称やその内容）であることを証明できるような行動例をできるだけ多く準備しておくことだろう。

Part 2

組織を知るための
六つの視点

Chapter 6

企　業

1　財務分析①

　将来働いてみたいと思う企業や，今働いている企業，あるいは取引先企業の状況を，財務（＝お金）の視点から把握しておくことは重要である。それは，財務の視点から企業を把握することで，その企業が成長しているか（成長性），稼げているか（収益性），破綻する心配はないか（安定性）などを評価できるようになるためである。本章では，財務の視点から企業を分析するために必要となる基本的な用語や考え方を概観する。

❖ 1-1　財務諸表

　その企業の財務的な良し悪しは，同じ業界の平均値や競合他社との比較によって判断することが一般的である。企業の成長性，収益性，安定性は，各企業のホームページに公開されている財務データを用いて計算することができる[1]。財務データにはさまざまなシート（計算表）が含まれており，それらの表をまとめて財務諸表と呼ぶ。

　財務諸表のうち，損益計算書，貸借対照表，キャッシュフロー計算書の三つの表が代表的である。どのような職種で働くにせよ，損益計算書と貸借対照表の読み方は理解しておくとよいだろう。

1）株式を上場している日本企業の財務データは，各企業が金融庁に提出する有価証券報告書に掲載されている。具体的には，上場企業のホームページ（IR 情報メニュー）または EDINET からダウンロードすることができる。

Part 2　組織を知るための六つの視点

❖ 1-2　簿　　記

　財務諸表を作成するためには，日々の取引を1件ずつ正確に帳簿に記録しておく必要がある。取引の内容を財務的にどのように分類するのかを判断し，適切に処理（記録・計算・整理）するのが経理担当者の初歩的な仕事である。また，適切に処理するためのルールを簿記という。あるいは，適切に処理できる技能を指して，簿記[2]ということもある。

❖ 1-3　損益計算書

　損益計算書は，会社の経営成績を示すものである。収益（いくら稼いだか）と費用（いくら要したか）を対比して，その差額である利益（儲け）を示す。損益計算書のことを，PL（Profit & Loss Statement）と呼ぶこともある。損益計算書の具体例として，京阪ホールディングス株式会社のPLを表6-1に示す。

表 6-1　損益計算書の例（京阪ホールディングス株式会社）[3]

営業収益（売上高）	3,223 億円
営業費（売上原価，販売費及び一般管理費）	2,908 億円
営業利益	314 億円
営業外収益	20 億円
営業外費用	38 億円
経常利益	296 億円
特別利益	66 億円
特別損失	26 億円
税金等調整前当期純利益	337 億円
法人税等合計	107 億円
当期純利益	230 億円

注）2017 年 4 月 1 日〜 2018 年 3 月 31 日（連結[4]）

---

2) 日本商工会議所によれば，簿記の基本知識は，企業の活動を財務の視点から理解するために，経理担当者だけでなく業種・職種を問わずすべての働く人に必要な技能であるとされる。日本商工会議所では，「初級」「3 級」「2 級」「1 級」の簿記検定試験が実施されている。
3) 京阪ホールディングス株式会社有価証券報告書（2018 年 3 月期）による。
4) 親会社の会計に，子会社や関連会社の会計を加算したもの。

表6-2 貸借対照表の例（京阪ホールディングス株式会社）

資産の部		負債の部	
流動資産	1,715億円	流動負債	1,616億円
固定資産	5,277億円	固定負債	3,140億円
		負債合計	4,756億円
		純資産の部	
		株主資本	1,760億円
		その他（その他の包括利益累計，新株予約権，非支配株主持分）	475億円
		純資産合計	2,236億円
資産合計	6,992億円	負債純資産合計	6,992億円

注）2018年3月末時点（連結）

❖ 1-4 貸借対照表

貸借対照表は，会社の期末における財政状態を示すものであり，BS（Balance Sheet）とも呼ばれる。財政状態とは，資産・負債・純資産の状態をいう。資産とは，資金の運用状況（何にお金を使っているのか）を表す。負債と純資産は，資金の調達状況（お金をどこから調達しているか）を表す。負債は，他人から借りてきたお金のことであり他人資本ともいう。純資産は，株主から得たお金と，これまでの利益の積み上げ（内部留保という）からなるものであり自己資本ともいう。貸借対照表の具体例として，京阪ホールディングス株式会社のBSを表6-2に示す。

2 財務分析②

本節では，前節で取り上げた損益計算書（PL）と貸借対照表（BS）の数値を用いて，企業の成長性・収益性・安定性を分析するための代表的な指標をみていきたい。

❖ 2-1 企業の成長性

成長性は，その企業が一定期間にどれだけ業績が伸びているかを表すものである。成長性を分析するための代表的な指標として，「増収率」と「増益率」がある。

増収率は，売上高が前の期に比べて何%伸びたかを表す（|（当期売上高 − 前期売上高）÷ 前期売上高| × 100）。一方，増益率は経常利益[5]の前年度比の伸びを表す。売

Part 2　組織を知るための六つの視点

表 6-3　売上高，経常利益の推移（京阪ホールディングス株式会社）

決算年月	2016 年 3 月期		2017 年 3 月期		2018 年 3 月期
売上高	3,002 億円	+1%	3,030 億円	+6%	3,223 億円
経常利益	285 億円	+6%	303 億円	-2%	296 億円

上高の伸び（増収率）だけでなく，利益が確保できているかを確認するために増益率もあわせてみておくことが重要である。なお，売上高と経常利益の数字は，損益計算書（PL）に記載されている。

　前節で取り上げた京阪ホールディングス株式会社の売上高，経常利益の推移を表6-3 に示す。表より，2016 年 3 月期（2015 年度）から 2017 年 3 月期（2016 年度）にかけての増収率は 1%，2017 年 3 月期（2016 年度）から 2018 年 3 月期（2017 年度）にかけての増収率は 6% であることがわかる。

　一方，増益率を計算すると 2015 年度から 2016 年度にかけては 6%，2016 年度から 2017 年度にかけては -2% となっている。つまり，2016 年度から 2017 年度にかけては，増収減益（売上高は伸びているが，利益は減っている状態）であったことがわかる。

※ 2-2　企業の収益性

　収益性は，その企業がどれだけ効率的に稼げているかを表すものである。収益性を分析するための代表的な指標が，「売上高経常利益率」や「自己資本当期利益率（ROE）」である。

売上高経常利益率＝経常利益÷売上高

　売上高経常利益率は，売り上げのうち，どれだけを経常利益として確保できたかを表す。たとえば，2018 年度の 1 年間の売上高が 100 億円で，経常利益が 5 億円の企業があったとしよう。その企業の 2018 年度の売上高経常利益率は，5 億円÷100億円＝ 0.05，つまり 5% となる。経常利益率は業種によってその平均値に差があり，

5）経常利益に限らず，営業利益や当期純利益を用いて増益率を算出することもある。

Chapter 6 企　　業

たとえば製造業では 6.9% であるのに対し，卸売業では 2.6% となっている（経済産業省 2018）。したがって，経常利益率を分析する場合は，同業他社との比較を通じて経営の良し悪しを判断する必要がある。

自己資本利益率（ROE）＝純利益÷自己資本

　自己資本利益率（ROE）は，自己資本（≒貸借対照表の「純資産の部」）を元手に，どれだけの純利益をあげたかを表す。自己資本の大部分は，株主から集めたお金（資本金）を表す。すべての営利企業は株主からお金を集めて，そのお金を何かに投資し，利益をあげる活動をおこなっている。お金を投資する株主（資本家）の立場からみれば，自己資本に対してどの程度の利益をあげているかが企業の評価ポイントになる。

❖ 2-3　企業の安定性
　安定性は，極端な言い方をすれば，その企業の破綻しにくさを表すものである。安定性を分析するための代表的な指標が，「自己資本比率」や「流動比率」である。

自己資本比率＝自己資本÷総資本

　自己資本比率は，総資本（負債＋資本金＋利益剰余金）に対する自己資本（資本金＋利益剰余金）の比率である。言い換えると，総資本のうち，返さなくてもよいお金の比率を表す。自己資本比率が高いということは，負債[6]が少なく金利負担が軽い優良企業ということになる。逆に，自己資本比率が低いということは負債が大きいことを表す。自己資本比率の適正な値は，40% 前後とされている。

流動比率＝流動資産÷流動負債

　流動比率は，流動負債に対する流動資産の割合を表す。流動資産は，1 年以内に現金化される可能性のある資産を指す。具体的には，預金や在庫商品[7]などがある。

---

6)「資産」よりも，「負債」が上回る状態を債務超過と呼ぶ。すべての資産を現金化したとしても，借金を返せない状態であり，経営的に危機的な状況といえる。

一方の流動負債は，1年以内に返さなければならない負債を指す。具体的な流動負債に，買掛金[8]などがある。

　流動負債に対する流動資産の割合が十分に高ければ[9]，その会社と取引した場合，期日までにお金を支払う能力があると判断することができる。逆に，流動負債に対する流動資産の割合が低ければ[10]，負債の支払い能力に問題があると判断されてしまう。

❀ 2-4　キャリアデザインに活かす

　上でみてきたように，財務の視点から企業を把握することで，その企業が成長しているか（成長性），稼げているか（収益性），破綻する心配はないか（安定性）などを評価できるようになる。

　経理の立場であれば，自社の経営状態を分析し，自社の経営指針を経営者に示す根拠としてこれらの指標を活用することになるだろう[11]。また，営業の立場であれば，取引先企業の経営状況を分析し，取引をしてもよい企業かどうかを判断する目安の一つとしてこれらの指標を活用することになる。さらに，資産を株式で運用しようとする個人であれば，収益性（とくにROE）や成長性の指標にもとづき，投資先企業を選定することになる。

　では，これから就職先や転職先を検討しようとしている求職者であれば，財務指標をどのように活かせばよいだろうか。残念ながら，財務の視点において，すべての求職者に共通する適正指標または水準は存在しない。たとえば，働くうえで，保障や安定を最も大切にしたいと考える者であれば，成長性や収益性よりも，安定性の高さを優先することになる。また，少々危険を冒してでも挑戦することに価値を置く者であれば，安定性よりも成長性を重視して企業を選んだほうがよいだろう。自らの能力を活かし企業の収益を飛躍的に高めようと考え，あえて現時点の収益性が低い会社を選ぶという戦略もありうる。

　上記のように，万人に共通する適正な財務指標や水準は存在しないものの，なぜ

7）在庫商品の価値をお金に換算し，その額を貸借対照表に計上する。
8）商品をすでに購入し，まだ代金を支払っていない場合，その代金の額を買掛金として貸借対照表に計上する。
9）150％以上が，一般的に優良水準とされる。
10）100％を下回ると，危険水準とされ，銀行融資の交渉に影響が出始める。
11）会計は「経営の羅針盤」ともいわれる。

Chapter 6　企　業

その企業を選んだのかを説明するための根拠として財務指標を活かすことはできる。たとえば，複数の内定先から1社を選ぶ際の，意思決定の根拠の一つとして財務指標を用いることなどが考えられる。

◈ワーク6-1　【財務分析】
▶上場企業2社を選択し，両社の①成長性，②収益性，③安定性を比較し，自分なりの考察を加えてください。なお，2社は同業種のなかから選ぶこと。また，必要なデータはEDINET[※1]からダウンロードしてください。
(参　考) ①成長性：前々年度から前年度の売上高の伸び率を算出し，両社を比較する ②収益性：前年度の売上高経常利益率を算出し，両社を比較する ③安定性：前年度末時点の自己資本比率を算出し，両社を比較する

①成長性	企業Aの売上高の伸び率：	企業Bの売上高の伸び率：
	比較考察：	
②収益性	企業Aの経常利益率：	企業Bの経常利益率：
	比較考察：	
③安定性	企業Aの自己資本比率：	企業Bの自己資本比率：
	比較考察：	

※1) EDINET（エディネット）とは，Electronic Disclosure for Investors' NETwork の略で「金融商品取引法に基づく有価証券報告書等の開示書類に関する電子開示システム」のことを指す。インターネット経由で自由に開示書類を閲覧することができる。EDINET の書類検索メニューの書類簡易検索画面にて，閲覧したい会社名を入力し，有価証券報告書を検索する。

Part 2 組織を知るための六つの視点

3 産業分析

❖ 3-1 産業分類

産業分類（日本標準産業分類）[12]とは，事業所[13]が生み出すサービスや製品の類似性を基準にして分類したものである。産業分類が作成された目的は，日本の経済活動の状況を，産業を軸にして把握することにある。その構成は，大分類（20分類），中分類（99分類），小分類（530分類），細分類（1,460分類）の4段階構成となっている（表6-4）。

分類の単位は事業所であるから，産業分類によって企業を分析する際は「この事業所を産業分類にもとづいて分類すると，＊＊業である」といった分析結果が得られる。たとえば，居酒屋でアルバイトをしている場合を考えてみよう。この場合「私が働いている事業所を産業分類にもとづいて分析すると，大分類として「宿泊業，飲食サービス業」である。さらに，中分類として「飲食店」，小分類として「酒屋，ビヤホール」と分類することができる」となる。

なお，日本標準産業分類は，総務省が各種統計データの結果を産業ごとに分類することを目的に作成したものである。日本産業分類のほかにも，それぞれの目的に応じて，日本経済新聞社による業種分類（日経業種分類）や，日本取引所グループによる業種分類（業種分類）などがある。俯瞰的な視点から，日本の産業を網羅的に知ろうとするときに，日本標準産業分類やそのほかの業種分類を活用することができる。

4 事業分析

❖ 4-1 事業分類

先に述べたように，日本標準産業分類は，総務省が各種統計データの結果を産業ごとに分類することを目的に作成したものである。これに対して，特定の企業内（企業グループ内）において，自社が生み出すサービスや製品の類似性を基準にして分類したものが事業分類である。

事業をどのように分けるかは，それぞれの企業が自由に決めることができる。たとえば，ソニー株式会社の事業は，①ゲーム＆ネットワークサービス，②音楽，③

12）平成26年4月1日施行版にもとづく。
13）日本標準産業分類における事業所とは，経済活動の場所的な単位をいう。具体的には，事務所，営業所，工場，飲食店，商店などが該当する。

Chapter 6　企　　業

表 6-4　日本標準産業分類（抜粋）[14]

大分類	中分類	小分類（細分類）
農業，林業		
	農業，他	耕種農業，畜産農業，他
漁 業		
	漁業，他	海面漁業（底びき網漁業，まき網漁業，他）
鉱業，採石業，砂利採取業		
	鉱業，採石業，砂利採取業	金属鉱業，原油・天然ガス鉱業，他
建設業		
	総合工事業，他	土木工事業，建築工事業，他
製造業		
	化学工業，他	化学肥料製造業，医薬品製造業，他
電気・ガス・熱供給・水道業		
	電気業，他	電気業（発電所，変電所），ガス業，他
情報通信業		
	情報サービス業，他	ソフトウェア業，情報処理・提供サービス業，他
運輸業，郵便業		
	航空運輸業，他	航空運送業，航空機使用業，他
卸売業，小売業		
	繊維・衣服等卸売業，他	衣服卸売業，身の回り品卸売業，他
金融業，保険業		
	銀行業，他	中央銀行，銀行，生命保険業，他
不動産業，物品賃貸業		
	不動産取引業，他	建物売買業，土地売買業，不動産賃貸業，他
学術研究，専門・技術サービス業		
	学術・開発研究機関，他	自然科学研究所，人文・社会科学研究所，他
宿泊業，飲食サービス業		
	宿泊業，他	旅館，ホテル，食堂，レストラン，他
生活関連サービス業，娯楽業		
	洗濯・理容・美容・浴場業	洗濯業，理容業，美容業，他
教育，学習支援業		
	学校教育，他	幼稚園，小学校，中学校，高等学校，他
医療，福祉		
	医療業，他	病院，一般診療所，歯科診療所，他

14）総務省「日本標準産業分類――項目名」〈http://www.soumu.go.jp//toukei_toukatsu/
　　index/seido/sangyo/02toukatsu01_03000044.html#a（最終閲覧日：2018 年 11 月 30 日）〉

映画,④ホームエンタテイメント＆サウンド,⑤イメージング・プロダクツ＆ソリューション,⑥モバイル・コミュニケーション,⑦半導体,⑧金融,⑨その他,の9つに分類される[15]。

また,東日本旅客鉄道株式会社の事業は,①運輸事業,②流通・サービス事業,③不動産・ホテル事業,④その他の事業,の四つに分類される[16]。さらに,日本標準産業分類の大分類,中分類,小分類と同様に,それぞれの事業を担当する会社（子会社,関連会社）のなかで,より細かな事業に分類されているのが一般的である。

❖ 4-2　個別企業集団

個別企業集団とは,大企業が子会社・関連会社を傘下に設けてつくりあげるピラミッド型の結合企業形態である。一般的に企業は,個別企業をもって法律上の独立単位としているが,現代の大企業は,複数の個別企業が集まった企業集団（企業グループ）が実質的な独立単位として経営活動をおこなっているのが一般的である。

個別企業集団には二つのタイプがある。一つは親会社が本来の事業をおこないながら傘下の企業を支配する「事業兼営型」であり,もう一つは親会社が本来の事業も子会社化して純粋持株会社として支配する「持株会社型」である（図6-1）。

1997年に持株会社（純粋持株会社）[17]の設立が認められることになり,また2000

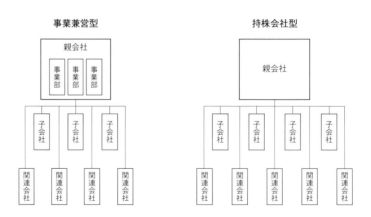

図6-1　個別企業集団の2タイプ（小松（2002）を参考に作成）

15）ソニー株式会社有価証券報告書（2018年3月期）による。
16）東日本旅客鉄道株式会社有価証券報告書（2018年3月期）による。

Chapter 6　企　　業

年3月期決算以降，個別企業集団を一つの単位とする連結決算制度[18)]が本格的に導入されることになった。これにともない，グループ経営の名のもとに，多くの企業で個別企業集団の再構築[19)]がおこなわれてきた。

　なお，A社がB社の株式[20)]の過半数を所有する場合，A社を「親会社」，B社を「子会社」という[21)]。また，A社がC社の株式の20％以上を所有する場合，C社を「関連会社」という[22)]。たとえば，トヨタグループとして知られているトヨタ自動車株式会社の子会社は606社，関連会社は199社となっている[23)]。

✎ワーク6-2 【事業分析】

▶興味のある上場企業を一つ選び，その企業の事業概要と個別企業集団の概要を調べてください（有価証券報告書にもとづく）。

5　職種分析

❖ 5-1　日本標準職業分類

　職種分類（日本標準職業分類）[24)]は，個人が従事している仕事の類似性を基準にして分類したものである。職種分類は仕事を分類すると同時に，人に対してその仕事を通じて適用し，職業別の統計を表すために用いられる。その構成は，大分類（12

---

17)　自らは事業活動をおこなわず，他社を支配することだけを目的とする持株会社を純粋持株会社という。自らも事業活動をおこない，かつ他社を支配する持株会社を事業持株会社という。

18)　親会社の会計に子会社や関連会社の会計を加算した決算を連結決算という。

19)　事業構造の再構築は，リストラと呼ばれる（リストラクチャリング：restructuring）。リストラにともない，人員の再配置がおこなわれ意に沿わない転勤が発生したり，早期希望退職が募集されたりする。

20)　厳密には「議決権」。

21)　ただし，議決権が50％に満たない場合でも，一定の要件（取締役の過半数が親会社の役員が占めるなど）を満たせば子会社と判定される。

22)　ただし，議決権が20％に満たない場合でも，一定の要件（代表取締役，取締役またはこれらに準ずる役職に親会社の役員などが就任していることなど）を満たせば関連会社と判定される。

23)　トヨタ自動車株式会社有価証券報告書（2018年3月期）による。

24)　平成21年12月版による。

Part 2　組織を知るための六つの視点

表 6-5　日本標準職業分類の例

大分類	中分類	小分類
管理的職業従事者		
	管理的公務員，他	議会議員，管理的国家公務員，管理的地方公務員，他
専門的・技術的職業従事者		
	研究者，農林水産技術者，他	自然科学系研究者，人文・社会科学系等研究者，他
事務従事者		
	一般事務従事者，他	庶務事務員，人事事務員，企画事務員，秘書，他
販売従事者		
	商品販売従事者，他	小売店主・店長，販売店員，不動産仲介・売買人，他
サービス職業従事者		
	接客・給仕職業従事者，他	飲食店主・店長，飲食物給仕従事者，他
保安職業従事者		
	自衛官，他	陸上自衛官，海上自衛官，警察官，他
農林漁業従事者		
	農業従事者，他	農耕従事者，植木職，造園師，他
生産工程従事者		
	機械組立従事者，他	自動車組立従事者，電気機械器具組立従事者，他
輸送・機械運転従事者		
	鉄道運転従事者，他	電車運転士，バス運転者，航海士，他
建設・採掘従事者		
	建設躯体工事従事者，他	型枠大工，とび職，大工，左官，他
運搬・清掃・包装等従事者		
	運搬従事者，他	郵便・電報外務員，倉庫作業従事者，他

分類），中分類（74分類），小分類（329分類）の3段階分類となっている。なお，仕事の内容の類似性を測る基準には，①仕事の遂行に必要とされる知識や技能，②組織のなかで果たす役割，などが含まれる（表6-5）。

❖ 5-2　職種分類

産業分類と同様，日本標準職業分類は，総務省が各種統計データの結果を職業ごとに分類することを目的に作成したものである。これに対して，特定の企業内（企業グループ内）において，自社の仕事内容の類似性を基準にして分類したものが職種分類である。職種をどのように分けるかは，それぞれの企業が自由に決めることが

Chapter 6 企　業

表 6-6　各職種の説明（株式会社デンソー）[25]

●事務系総合職[※1)]	
事業企画	製品の設計段階から製造工程まで関わりながら，製品コストの改善を実現する仕事です。また事業の拡大や，事業採算向上を図るため具体的な施策を検討し，関係部署に働きかけます。
調　達	デンソーが作る製品の部品・原料を買い付ける仕事です。最適コストを維持しつつ，製品の品質を保つために，技術部と連携をとりながら，仕入先と良好な関係を築き上げます。
生産管理	大量の製品が日々生産されていく中で品質・納期・コストを管理しながら，その時々に起こる問題を解決し，安定した生産活動を進めていく仕事です。
営　業	顧客に対する価格交渉は勿論，製品・システムを理解してもらうための活動や，デンソーの優位性を作り出していく戦略を考える仕事です。
●技術系総合職[※2)]	
研　究	クルマの未来のあるべき姿を描き，今はない先進的な機能や，そこに必要となる要素技術を生み出し，蓄積していく仕事です。
開　発	研究で蓄積した技術をベースに，実車搭載を意識して製品化につなげる仕事です。近い将来，クルマで実現していきたい様々な技術・製品の開発を行います。
設　計	量産車への搭載を前提に，性能・品質・コスト・搭載スペース等，様々な制約条件をクリアしながら製品を開発していく仕事です。

※ 1)　上記のほかに「経営企画」「法務」「経理・財務」「人事・総務」が事務系総合職に含まれる。
※ 2)　上記のほかに「生産技術」「品質管理」「営業技術」が技術総合職に含まれる。また，上にあげた「事務系総合職」「技術系総合職」のほかに「実務職」「製造人材（生産関係職）」がある。

できる。たとえば，株式会社デンソーの職種をみてみよう。

　デンソーの採用ホームページには，デンソーの職種について詳しい説明が掲載されている。いくつかの職種を抜粋・引用して紹介したい（表6-6）。

　業界によっては，「事務系総合職」「技術系総合職」をまとめて「事技職」「総合職」「ホワイトカラー」と呼ぶこともある。また，「実務職」を「一般職」「業務職」と呼び，さらに「製造人材（生産関係職）」を「技能職」「ブルーカラー」と呼ぶ業界もある。

25)　株式会社デンソーの 2019 年 4 月定期採用ホームページを参照。

Chapter 7

賃　　金

1　賃金の構造

　本章では，厚生労働省の調査結果（厚生労働省 2018a）にもとづき，日本の労働者の賃金実態を概観する。とくに，労働者の雇用形態（第2節），性別（第3節），企業規模（第4節），学歴（第5節），産業（第6節），役職（第7節）別に給与水準および格差構造をみていきたい。まず，本節では賃金の基本構造を概説する。

❖ 1-1　賃金の構造

　まず，一般的に年収とは，毎年1月から12月までのあいだに勤務先から支給される給与の総額を指す。税金や社会保険料が控除される前の総支給額であるため，年収は手元に残る額（手取り額）よりも大きくなる。収入が多くなるほど税金や社会保険料の率が高まる[1]ため，年収が多いほど年収と手取り額の差は広がることになる。

　次に，年収は，月額給与と年間賞与に分かれる。企業によっては，年間賞与が支給されないこともある。また，年間賞与の支給対象者を正社員に限定する企業もある。月額給与は，毎月1回給与支給日に支給される。年間賞与は，夏（6月～7月），冬（12月）の2回に分けて支給されることが多い。企業によっては，期末（3月）に期末賞与が支給されることもある。

図7-1　月額給与と年間賞与

---

1) たとえば，所得税の場合，税率は5％から45％の7段階に区分されている（2018年時点）。このように課税対象が増えるほど，より高い税率を課する課税方式のことを累進課税という。

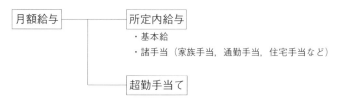

図 7-2　月額給与の内訳

❖ 1-2　月額給与

月額給与の内訳は，所定内給与と超勤手当てに分けることができる。所定内給与は「基本給＋諸手当」のことであり，企業によって家族手当，通勤手当，住宅手当などが諸手当として支給される。2018 年の人事院勧告によれば，家族手当制度は民間企業の 77.9％，住宅手当制度は民間企業の 50.6％に導入されている。

❖ 1-3　超勤手当て

超勤手当ては，残業代または時間外労働手当のことを指し，所定労働時間を超えて働いた時間分の残業代が支払われる。残業代は，労働基準法で定められた割増賃金のことであり，法律によりその割増率が決まっている。週に 40 時間，または 1 日に 8 時間を超えて労働者を働かせたときは，1 時間あたりの賃金の 25％増しの時間外労働手当を支給しなければならない[2]。また，休日に働かせたときは，同 35％増しの休日労働手当を支給しなければならない。

❖ 1-4　年間賞与

賞与（ボーナス）は，労働基準法などで明確にルールが定められているものではなく，会社が独自にその支給基準や支給時期を定めることができる。賞与を支給する場合，各社の就業規則などに明示する必要がある。

賞与の算定方法は各社によってさまざまであるが，一般的には基本給の＊か月分のように表現されることが多い。また，前年度の評価（全社および個人）にもとづき，当年度の賞与額を変動させることもある。月額給与は，従業員の安定した生活を保障するための賃金としての性格が強い一方，賞与は従業員のやる気を高めるための

---

[2] 1 か月の時間外労働の時間が 60 時間を超えたときは，割増率が 50％になる（中小企業は，2023 年 4 月 1 日以降に適用）。

Chapter 7 賃　金

インセンティブ（刺激）としての性格をより強くもつものである。

2　雇用形態別にみた賃金

　雇用形態別の賃金[3]実態をみると，正社員の賃金は 20-24 歳台から 50-54 歳台にかけて上昇しつづけていることがわかる（図 7-3）。このように，縦軸を賃金，横軸を年齢としたグラフ（その形状）のことを賃金カーブという。正社員の賃金カーブが右肩上がりの形状を示すのに対して，正社員以外[4]（アルバイト，パート，契約社員，派遣社員など）の賃金カーブを見るとほとんど平坦である。これは，正社員以外の賃金において，賃金と年齢階級との関連性がないことを意味する。

　雇用形態別の賃金格差が生じる要因として，次の 3 点があげられる。第一に，正社員の場合，勤続年数が基本給の算定に影響することが多いためである。このように，勤続年数や実年齢が，基本給の算定基準の一部に含まれているような賃金体系のことを，年功的賃金体系と呼ぶ。

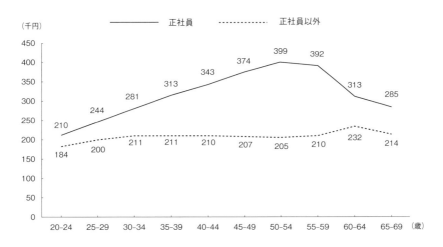

図 7-3　雇用形態別賃金（厚生労働省 2018a）

3）ここでの賃金は，月額賃金のうち所定内給与を表す（残業手当は含まない）。
4）非正社員，非正規社員と呼ぶこともある。

第二に，一般的業務に比べて管理的業務に就いている者のほうが基本給は高いが，これは管理的業務には正社員が就くことが多いためである。業務（役割）の難易度が基本給の算定基準の一部に含まれているような賃金体系のことを，役割主義的賃金体系（または能力主義的賃金体系）と呼ぶ。年功的賃金体系と役割主義的賃金体系（または能力主義的賃金体系）は，共存可能である。基本給の算定基準のウェイトの比率を，年功的要素と役割的（能力的）要素の両者でバランスをとるのが一般的である。

　第三に，正社員以外の形態で雇用される場合，職務内容や勤務地が限定されていることが多い一方，正社員は会社の都合で職務内容や勤務地が変更になることもある[5]。これを理由に，正社員と正社員以外の賃金に差を設けている企業も多い。

3　男女別にみた賃金

　男女別の賃金実態みると，男性の賃金カーブの傾きが女性に対して大きいことがわかる（図7-4）。

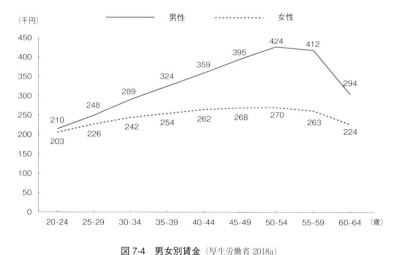

図 7-4　**男女別賃金**（厚生労働省 2018a）

---

[5] 職務内容や勤務地など勤務条件に制限がないという意味で，正社員のことを「無限定社員」と呼ぶこともある。

男性の賃金カーブの傾きが，女性のそれと異なる理由は何か。最も大きい理由として考えられるのは，正社員以外の雇用形態で働く女性が多いことである。結婚，出産後も働きつづける女性の数は増加しているものの，男性に比べるとその数はまだ少ない。また，結婚，出産後に働きつづける場合，正社員以外の雇用形態を選択する女性も多い。そのため，前節でみたような雇用形態別の賃金格差が生じていると考えられる。女性の就業に関しては，第11章であらためて述べることとしたい。

4　企業規模別にみた賃金

　企業規模別の賃金をみると，大企業（常用労働者1,000人以上），中企業（同100人〜999人），小企業（99人以下）の順に賃金が高い（図7-5）。また，図には示していないが，賃金カーブの形状をみると企業規模が大きいほど賃金カーブの傾きは大きくなっている。

　参考に，50-54歳の平均的な賃金を例にあげると，大企業（46万円），中企業（35万円），小企業（30万円）である。これを20-24歳の賃金と比較すると，大企業（2.1倍），中企業（1.8倍），小企業（1.5倍）になる。

　企業規模別の賃金格差が生じる理由の一つは，規模の経済性によるものである。規模の経済性とは，事業規模が大きくなるほど単位あたりのコストが小さくなり，企業の収益性が高まることをいう。企業の収益性が高まることにより，人件費に余裕が出てくることになる。

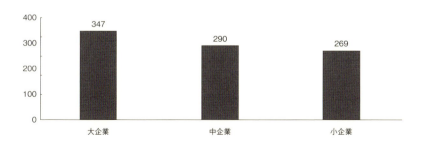

図7-5　企業規模別賃金（厚生労働省 2018a）

5　学歴別にみた賃金

　学歴別の賃金をみると，大学・大学院卒の賃金カーブの傾きが大きいことがわかる（図7-6）。

　この理由として考えられることは，次の2点である。第一に，管理的業務に就く者の割合が，ほかの学歴に比べて大学・大学院卒のほうが高いためである。一般的業務に比べて管理的業務に就く者の賃金水準が高いため，大学・大学院卒の賃金カーブの傾きが大きくなっていると考えられる。

　第二に，学歴に応じて就きやすい職業が異なることによる。職業別の賃金格差をみると，相対的に賃金水準の低い職業があり[6]，そのような職業に就く大学・大学院卒の者が少ないために学歴別の賃金格差が生じていると考えられる。

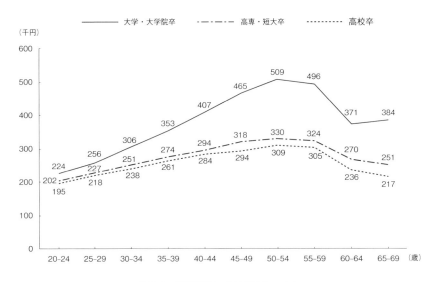

図 7-6　学歴別賃金（厚生労働省 2018a）

---

6) たとえば，職種別の所定内賃金をみると，医師（84.9万円），弁護士（63.5万円）に対して，ミシン縫製工（15.5万円），ビル清掃員（17.5万円）などとなっている。

6 産業別にみた賃金

産業別の賃金をみると，20-24歳では産業別の賃金格差が5万円前後であるのに対し，50-54歳になると，産業の違いにより30万円近い賃金格差が生じていることがわかる（図7-7）。宿泊業，飲食サービス業，運輸業，郵便業，小売業，福祉など，50-54歳の賃金が相対的に低い産業の特徴の一つは，労働集約型という点である。

労働集約型とは，労働力への依存度が高い産業のことでありサービス業に多くみられる。労働力への依存度が高いため，総費用に占める人件費の割合が高い。このため，労働集約型産業の場合，人件費を高めると収益性の低下に大きな影響を及ぼす。

これに対して，電気・ガス，情報通信業および金融業などは資本集約型の産業（または，装置産業）と呼ばれる。巨大な機械設備や，高度な情報システムを構築することを通じて，価値を創造し顧客に提供する。設備の導入や維持に費用がかさむが，総費用に占める人件費の割合は低い。つまり，人件費を増やしても総費用に与える影響が少ないため，人件費を増やしやすい。

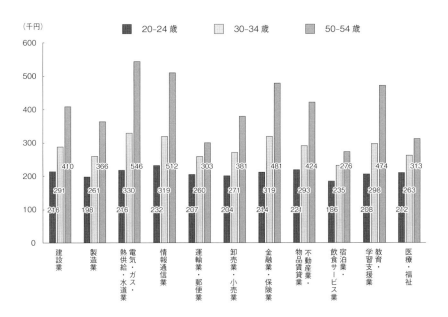

図7-7 産業別賃金（厚生労働省 2018a）

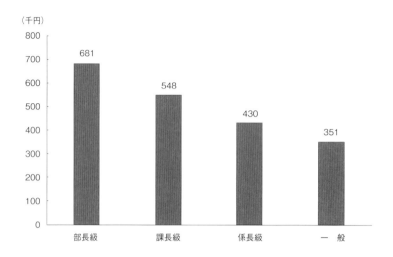

図 7-8　役職別賃金（50-54 歳）（厚生労働省 2018a）

7　役職別にみた賃金

役職別賃金をみると，50-54 歳において部長級の 68 万円に対して一般は 35 万円であり，役職間で約 2 倍の賃金格差がある（図 7-8）。図には示されていないが，年間賞与の額をみると，50-54 歳において部長級の 304 万円に対して一般は 125 万円であり，やはり 2 倍以上の賃金格差が生じている。

本章では，厚生労働省の統計データにもとづき賃金の実際を概観してきた。本章で用いたデータの詳細は，厚生労働省のホームページからエクセルファイル形式でダウンロードすることができる。本章では触れなかった，職種別や都道府県別の賃金データなどもある。

8　賃金格差からキャリアデザインを考える

働く目的は人によりさまざまであるが，共通していえることは，労働を通じてわれわれは生活費を得ている。また，労働を通じて賃金を得るなかから，一定の割合を税金として政府に支払う義務を負っている。さらに，余裕のある生活を送るために，より多くの賃金を得ることは誰しも望むことであろうし，必要最低限の賃金が得られなければ，仕事に対するモチベーションも高まらない。つまりわれわれは，

Chapter 7 賃　金

生活維持・納税義務・金銭的モチベーション向上を目的に，極端にいえばお金のために，働いている。

　その一方で，F. ハーズバーグ（Herzberg 1966）のモチベーション理論にもとづけば，賃金はモチベーションをたしかに高める要因ではあるものの，その効果は万能ではないとされる。つまり，一定の賃金が得られなければ不満足を感じ，仕事に対するやる気は生まれない。しかし，「一定の賃金」[7]が得られている場合は，それ以上のやる気を生み出すためには，賃金以外の要因が必要になるという。賃金を際限なく高めれば，労働者のやる気も際限なく高まるわけではないのである。モチベーションの視点からいえば，ある一定の水準まではわれわれはお金のために働くが，それ以上はお金のためだけに働くわけではない。自分らしいキャリアをデザインするためには，一定の賃金を得ることは必要だが，お金以外の働く目的をみつけておくことも忘れてはならない。

　また，本章でみてきたように，同じ労働条件（たとえば，1 日 8 時間労働，土日休み，デスクワーク）であったとしても，その企業が有する産業特性によって個人に支払われる賃金は異なる。つまり，賃金は純粋に個人の生産性や能力に応じて支払われるものではないということを知っておきたい。あるいは「個人の努力によって，ある程度は賃金を向上させることはできるものの，それ以外の複雑な要因によって賃金水準は決定される」と思っておいたほうがよい。そして，賃金の水準（たとえば，年収）だけを基準にして，その人のすべてを評価しない視点を持ち合わせておきたい。

7）一定の賃金水準は，家族構成や本人の年齢，これまでの生活水準など，個人が置かれた
　状況に大きく左右される。

Chapter 8

継続的事業体

1 継続的事業体

❖ 1-1 継続的事業体

　営利・非営利にかかわらず，すべての活動主体を「継続的事業体」(日本学術会議 2012) と呼ぶ。継続的事業体には，国・地方自治体，企業，学校，病院，NPO 団体，家庭，サークルなどあらゆる活動主体が含まれる。個人は，何らかの継続的事業体に所属し，日々の活動をおこなっている。

　個人は継続的事業体から影響を受け，また継続的事業体に影響を与えもする。そして，個人と継続的事業体とのあいだの相互作用を通じて，個人と継続的事業体のあり方は常に変化しつづける。それゆえ，今後のキャリアをデザインするうえで，継続的事業体との関係を無視することはできないだろう。継続的事業体の仕組みや，継続的事業体が何を目的として活動しているかを理解しておくことは，継続的事業体とうまく付き合うための手助けになるはずである。本章では，継続的事業体の形態論を紹介するとともに，実際の形態別の企業数などをみていきたい。

❖ 1-2 継続的事業体の３分類 (経済学視点)

　継続的事業体を経済学の視点から分類すると，①政府，②家計，③企業の三つに分けることができる (図8-1)。

1）政　　府

　政府に該当する具体的な継続的事業体の例として，省庁や地方自治体があげられる。また，政府がもつ経済的な機能は，家計や企業から得た税金を用いて三つの財政活動をおこなうことである。三つの財政活動は，①公共財の提供，②所得の再分配，③景気政策である。

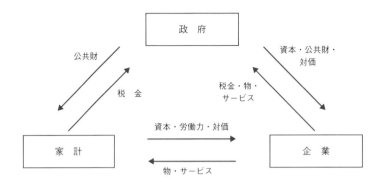

図 8-1　政府・家計・企業

①公共財の提供：道路や消防，警察などの財およびサービスを提供することを指す。
②所得の再分配：機会均等など，最低生活保護などを目的に講じられるものであり，具体的には義務教育制度や生活保護制度などが該当する。
③景気政策：景気の変動によって生じるインフレやデフレ[1]，国際収支の不均衡などの回復を図るための政策を指す。代表的な景気対策の例として，赤字国債の発行などがあげられる。

2）家　計

家計に該当する具体的な継続的事業体の例として，家庭があげられる。また，家計がもつ経済的な機能は，政府や企業で働くことを通じて得た所得を用いて，消費活動をおこなうことである。消費活動とは，物やサービスを購入することを指す。

3）企　業

企業に該当する具体的な継続的事業体の例として，公企業，私企業などがあげられる[2]。また，企業がもつ経済的な機能は，政府や家計から得た資本（お金）や，政

---

1) インフレ（インフレーション）は，物価が継続的に上昇する経済現象を指す。デフレ（デフレーション）は，逆に物価が下落する経済現象を指す。いずれも，経済全体として需要と供給のバランスが崩れることによって生じると考えられている。
2) 企業の種類は数多く，その詳細を本章第2節で述べる。

Chapter 8　継続的事業体

府によって提供される公共財（道路や港など），さらに家計から提供される労働力を用いて，物やサービスを生産することである。そして，生産した物やサービスを市場で販売することで，政府や家計からその対価を得る。

◈ワーク8-1　【所属する継続的事業体】			
▶あなたが現在所属している継続的事業体を，すべてあげてください。できるだけ固有名詞を用いて書き出してみましょう。			
1.		6.	
2.		7.	
3.		8.	
4.		9.	
5.		10.	

2　企業の種類

前節では，継続的事業体を経済学の視点から，政府・家計・企業の三つに分類した。本節では，企業に焦点をあててさらに詳しく分析してみたい。具体的には，出資者（属性・人数）の視点，目的の視点，および法律の視点から，企業を分類し整理する。

※ 2-1　私企業・公企業（出資者の属性による分類）

企業を出資者の属性の視点から分類すると，①私企業と②公企業に分けることができる。

①私企業：出資者が私人
②公企業：出資者が政府

Part 2　組織を知るための六つの視点

1）私 企 業

私企業は，出資者が私人である場合を指す。さらに私企業は出資者の人数によって個人企業（個人商店や農家など）と共同企業（会社や組合など）に分けることができる。

2）公 企 業

公企業は，政府（国や地方自治体など）が出資者である場合を指す。具体的な公企業の例として，独立行政法人や市営バスなどがあげられる。公企業の特徴は，利益を追求することが目的ではない点にある。

また，出資者に私人が加わることもあり，その場合は公私合同企業と呼ぶ。なお，公的機関を第1セクター，私人を第2セクター，そして両者の合同企業である公私合同企業を第3セクターと呼ぶこともある。

❖ 2-2　営利企業・非営利企業（目的による分類）

企業はその目的を軸にして，①非営利企業と②営利企業に分けることができる。非営利企業は「利益を生み出すことが必ずしも目的ではない企業」であり，営利企業は「より多くの利益を生み出すことを目的としている企業」を指す。なお，営利企業だけを企業と呼ぶこともあるが，本書では営利企業と非営利企業をまとめて「広義の企業」とし，営利企業を「狭義の企業」と整理しておきたい。

> ①非営利企業：利益追求（出資者への利益分配）を目的としない
> ②営利企業：利益追求（出資者への利益分配）を目的とする

非営利企業の例として，協同組合や上で述べた公企業などがある。公企業の例として独立行政法人があげられ，具体的には情報処理推進機構，日本貿易振興機構，都市再生機構，水資源機構などが存在する。また，協同組合の例として，農業協同組合（JA），生活協同組合などがあげられる。

なお，非営利企業であっても経済的な資本（＝お金）が枯渇してしまえば企業として活動を存続することはできない。したがって，非営利企業であっても，活動を存続させるために収益管理を無視することはできない。

❖ 2-3　個人企業・共同企業（出資者の人数による分類）

企業を出資者の人数によって分類すると，個人企業（出資者が一人）と共同企業

（出資者が複数）に分けることができる。

①個人企業：出資者が一人
②共同企業：出資者が複数

　個人企業は事業をおこなう個人が出資し，その個人の名前で事業をおこなうものである（個人商店や農家など）。出資者が複数人である場合に，共同企業と呼ばれる。そして，法人格[3]を有する共同企業のことを会社という。

❖ 2-4　株式会社・合同会社（法律による分類）

　利益追求を目的とする共同企業で法人格をもつものを「会社」という。会社法では，4種類（株式会社，合同会社，合資会社，合名会社）の会社の設立が認められている。

　とくに，合同会社，合資会社，合名会社の総称として，持分会社（membership company）と呼ぶこともある。持分会社では出資者を社員といい，社員の地位を「持分」と呼ぶ。

◎会　　社
　・株式会社
　・合同会社
　・合資会社
　・合名会社

　まず，株式会社と合同会社の違いを表にまとめた（表 8-1）。とくに，合同会社（LLC：Limited Liability Company）は，2006 年の新会社法施行によって認められた新しい会社の形態でる。

　合資会社と合名会社に関しては，資本金の制度がないため現金による出資が義務づけられていないことが最大の特徴でありメリットである（少ない投資額）。しかし，合資会社と合名会社のデメリットとして，仮に事業が失敗したときの責任追及が，「無限に責任を有する社員」である出資者のすべての資産に及ぶことがあげられ

3）法律上，「権利や義務の主体となり得る地位や資格」のことを「法人格」という。法人格をもつのは，自然人と法人である。

Part 2　組織を知るための六つの視点

表 8-1　会社組織の特徴

	株式会社	合同会社
出資者の名称	株　主	社　員
出資者の責任範囲	有限（出資金の範囲）	
最高意思決定機関	株主総会	社員総会
経営主体	取締役	業務執行社員
設立費用	登録免許税 15 万円，定款認証費用 5.2 万円，定款印紙 4 万円	登録免許税 6 万円，定款印紙 4 万円
特　徴	上場企業[4]と非上場企業に分かれる。より多くの出資を集めるために考案された仕組み。	設立費用が安く，法人格だけ必要な場合に利用される。

る（無限責任）。

　株式会社の最低資本金制度が撤廃[5]されたことにより合資会社と合名会社のメリット（少ない投資額）が薄れ，また，合同会社制度が新たに創設されたことにより合資会社と合名会社のデメリット（無限責任）が解消された。これにともない，合資会社と合名会社の今後の新規設立は少なくなると考えられる。

3　非営利組織（NPO）

　本章第 1 節（☞ pp.93-95）では，継続的事業体を政府・家計・企業の三つに分類し，つづく第 2 節（☞ pp.95-98）では，企業の詳細を，出資者（属性・人数），目的，および法律の視点から分類し，整理した。本節では，非営利企業（＝非営利組織）に焦点をあてる。とくに，特定非営利活動法人（NPO 法人）と一般社団法人について理解を深めておきたい。

4）証券取引所で株式が売買されている会社を上場企業という。証券取引所では，上場するための基準が設けられており，その基準をクリアした会社だけが上場会社となる。上場することのメリットとして，社会的信用の向上，資金調達手段の増大などがあげられる。JPX（日本取引所グループ）の上場企業数は 3,640 社（2018 年 11 月 16 日時点）。これ以外にも，札幌証券取引所，名古屋証券取引所，福岡証券取引所がある。
5）現在は，1 円の資本金で株式会社を設立できる。

Chapter 8　継続的事業体

❖ 3-1　NPO とは

NPO とは，民間非営利組織（NPO：Non-Profit Organization）の略称である。さまざまな社会貢献活動をおこなう，非営利（収益を分配することを目的としない）団体の総称である。収益を目的とする事業をおこなうこと自体は認められるが，事業で得た収益は，さまざまな社会貢献活動にあてることになる。NPO は，法人格の有無を問わず，さまざまな分野で社会の課題を解決する重要な役割を果たすことが期待されている。

1998 年に施行された特定非営利活動促進法（NPO 法）により，特定の非営利活動をおこなう民間非営利組織に法人格が付与されることとなった。法人格を付与された団体のことを，特定非営利活動法人（NPO 法人）[6]と呼ぶ。

また，民間非営利組織（NPO）のうち，開発援助や環境問題などで国際的な活動をしている団体のことを，とくに非政府組織（NGO：Non-Governmental Organization）と呼んでいる。

❖ 3-2　NPO の要件

一般的に NPO の要件として，以下の五つがあげられる。

①フォーマル（formal）
体系化された組織であることを指している。必ずしも，法人格を保有している必要はない。
②非政府性（non-governmental）
政府から分離独立していること。政府からの資金援助を受けていても，政府から独立した意思決定をおこなえる組織であればよい。
③利潤を分配しないこと（not profit distributing）
NPO の基本的要件である。

---

6) NPO 法人のうち，その運営組織および事業活動が適正であって公益の増進に資するものにつき一定の基準に適合したものとして，所轄庁の認定を受けた NPO 法人を「認定特定非営利活動法人（認定 NPO 法人）」という。さらに，設立後 5 年以内で認定 NPO 法人の基準に適合し，所轄庁の特例認定を受けた NPO 法人を「特例認定特定非営利活動法人（特例認定 NPO 法人）」という。これらは，優良な非営利活動団体に対する税制上の優遇措置を図るために設けられた制度である。

Part 2　組織を知るための六つの視点

④自己統治（self-governing）

組織がほかの組織に支配されずに独立して活動していること。

⑤自発性（voluntary）

自発的に運営しており，寄付やボランティア労働力に依存している部分があること。

❖ 3-3　特定非営利活動法人（NPO法人）の活動

NPO法人がかかわる特定非営利活動とは，以下の20種類の分野に該当する活動であり，不特定かつ多数のものの利益に寄与することを目的とするものをいう。

①保健，医療又は福祉の増進を図る活動

②社会教育の推進を図る活動

③まちづくりの推進を図る活動

④観光の振興を図る活動

⑤農山漁村又は中山間地域の振興を図る活動

⑥学術，文化，芸術又はスポーツの振興を図る活動

⑦環境の保全を図る活動

⑧災害救援活動

⑨地域安全活動

⑩人権の擁護又は平和の推進を図る活動

⑪国際協力の活動

⑫男女共同参画社会の形成の促進を図る活動

⑬子どもの健全育成を図る活動

⑭情報化社会の発展を図る活動

⑮科学技術の振興を図る活動

⑯経済活動の活性化を図る活動

⑰職業能力の開発又は雇用機会の拡充を支援する活動

⑱消費者の保護を図る活動

⑲前各号に掲げる活動をおこなう団体の運営又は活動に関する連絡，助言又は援助の活動

⑳前各号に掲げる活動に準ずる活動として都道府県又は指定都市の条例で定

Chapter 8　継続的事業体

める活動

❖ 3-4　一般社団法人

　一般社団法人および一般財団法人の制度は，利益の分配を目的としない団体について，事業の公益性の有無にかかわらず，法人格を取得することができるものである。2008 年に「一般社団法人及び一般財団法人に関する法律」が施行されることとなった。任意団体から法人格をもつことによって得られるメリットとして，社会的信用が得られやすくなることがあげられる。

　NPO 法人の場合，①設立に費用がかからないこと，②補助金や支援プログラムの種類が多いこと，③税法上の優遇があることなどのメリットがある一方，①設立に時間や人が多く必要になること，②活動内容に制限があること，③所轄庁への事業報告や情報公開などの義務があることなどのデメリットがある。

　これに対して一般社団法人の場合は，①設立にかかる時間が少ないこと，②活動内容の制限がないこと，③活動内容を外部に開示する必要がないことなどのメリットがある一方，①設立に費用がかかること，②補助金や支援プログラムの種類が少ないこと，③非営利型でなければ税法上の優遇が受けられないことなどのデメリットがある。

　キャリアをデザインする途上において，さまざまな活動（ボランティア活動，自己啓発活動，または地域活動など）をとおして，NPO や一般社団法人の活動にかかわる

◈ワーク 8-2　【さまざまな継続的事業体】		
▶株式会社，合同会社，NPO 法人，一般社団法人をそれぞれ一つ取り上げて，各企業の事業を列挙してみましょう。それぞれの事業にどのような特徴があるかを考えてみてください。		
	名　称	事　業
株式会社		
合同会社		
NPO 法人		
一般社団法人		

Part 2 組織を知るための六つの視点

ことも出てくるだろう。あるいは，企業で培った技能を活かして，NPO や一般社団法人の組織運営にかかわることが増えてくると考えられる[7]。

4 企業数の実態

本節では，国税庁（2018）の会社標本調査にもとづき，日本の企業[8]数の実態を概観しておきたい。

◈ 4-1 資本金別の企業数

2017 年時点において，全国の企業数は 267 万社となっている。資本金別の構成比でみると（表 8-2），資本金 1000 万円以下の企業数が 229 万社あり，全体の 85.9%

表 8-2 資本金別の企業数（国税庁 2018）

1,000 万円以下	1,000 万円超 1 億円以下	1 億円超 10 億円以下	10 億円超	合 計
229 万社	35 万社	1.7 万社	0.6 万社	267 万社

表 8-3 産業別の企業数（国税庁 2018）

産 業	社 数	割 合
サービス業	74 万社	27.7%
建設業	43 万社	16.0%
小売業	33 万社	12.3%
不動産業	31 万社	11.5%
卸売業	24 万社	9.0%
料理飲食旅館業	13 万社	4.7%
⋮	⋮	⋮
合 計	267 万社	100.0%

---

7) 社会人が仕事を通じて培った知識，技術，経験などを活かしながら，社会貢献活動をおこなうことを「プロボノ」という。プロボノ（pro bono）は pro bono publico（公益のために）の略。

8) ここでの企業には，株式会社，合名会社，合資会社，合同会社，協同組合，特定目的会社，企業組合，相互会社，および医療法人が含まれる。

102

Chapter 8　継続的事業体

表 8-4　組織形態別の企業数（国税庁 2018）

形　態	社　数	割　合
株式会社	252 万社	94.3%
合同会社	6.6 万社	2.5%
合資会社	1.7 万社	0.6%
合名会社	0.4 万社	0.2%
その他	6.4 万社	2.4%
合　計	267 万社	100.0%

を占める。資本金が 1 億円を超える大企業は約 2 万社で，全体に占める割合は 1%
未満である。このように企業の多くが中小企業であるが，それでも資本金が 1 億円
を超える大企業が 2 万社以上もあることがわかる。

❖ 4-2　産業別の企業数

　産業別の企業数をみると，サービス業の 74 万社が最も多く，全体に占める割合
は 27.7% である（表 8-3）。建設業が 43 万社（16.0%），小売業が 33 万社（12.3%）と
つづく。一方，最も企業数が少ない産業は鉱業の 3,548 社で，全体に占める割合は
0.1% である。繊維工業の 10,755 社（0.4%），農林水産業の 30,042 社（1.1%）とつづ
く。

❖ 4-3　組織形態別の企業数

　組織形態別の企業数をみると，株式会社が約 252 万社で最も多く，全体に占める
割合は 94.3% である（表 8-4）。

Chapter 9

就職活動

1 インターンシップ

❖ 1-1　インターンシップの意義

　インターンシップとは，「学生が在学中に自らの専攻，将来のキャリアに関連した就業体験を行うこと」をいう（文部科学省ほか 2014）。インターンシップは，学生を送り出す学校，これを体験する学生，学生を受け入れる企業のそれぞれにとって，以下にあげるさまざまな意義を有するものである（文部科学省ほか 2014）。

1）学校にとっての意義

　学校においては，キャリア教育[1]を推進する一つの手法としてインターンシップが活用されている。インターンシップを通じて，学校のなかで学ぶ理論と，職業現場のなかでの実践を結びつけることが可能となる。それは，大学などにおける教育内容・方法の改善や充実につながるものである。

2）学生にとっての意義

　インターンシップでは，企業現場で企画提案や課題解決などの実務を経験したり，専門分野における高度な知識・技術に触れたりすることができる。こられの経験を通じて，学生自身の職務遂行能力の向上，自己理解や社会理解の深化，および学ぶ意欲の向上などの効果が期待できる。

1）キャリア教育とは「一人一人の社会的・職業的自立に向け，必要な基盤となる能力や態度を育てることを通して，キャリア発達を促す教育」である（中央教育審議会 2011）。

Part 2　組織を知るための六つの視点

3）企業にとっての意義

インターンシップを通じて学生が受け入れ企業の理解を深め，受け入れ企業への就業希望を高めることを可能にする。また，学生の視点から得られる意見やアイデアを活用することは，企業活動において有益である。さらに，受け入れ企業の若手人材に指導役を任せることによって，若手人材の育成効果が期待できる。

※ 1-2　インターンシップのタイプ

大学生が経験するインターンシップは，大きく分けて以下の3タイプに分類することができる。

> ①大学主導型（正課）
> 正規の教育課程として位置づけ（単位を付与），授業科目とするタイプ
> ②大学主導型（非正課）
> 正規の教育課程には含まないが，大学が提供するキャリア教育プログラムの一部として位置づけるタイプ
> ③企業主導型
> 大学とは無関係に企業が実施するタイプ

①，②のタイプは，大学側が主体となって企画するインターンシップであり，インターンシップの教育的側面が重視される。

なお，大学側が主体となって企画するインターンシップは，職業統合的学習（WIL：Work Integrated Learning）の一つとしてとらえることもできる。WIL は「目的を持ってデザインされたカリキュラムのなかで理論と職業実践とを統合したアプローチおよび戦略の総称」と定義されており，インターンシップのほかに，PBL[2]，地域フィールドワーク，資格取得のための実習，サービス・ラーニング[3] などが含まれる（椿 2016）。第5章「私の強み」で触れた社会人基礎力などを学生時代に培うための学習方法として WIL，とりわけインターンシップが注目されている。

一方，③のタイプは，企業側が主体となって企画するインターンシップである。

2）課題解決型学習（Project-Based Learning）または問題解決型学習（Problem-Solving Learning）を指す。実践的な課題・問題を解決する行為を通じた学習のこと。
3）奉仕活動や社会貢献活動（いわゆる，ボランティア活動）を通じた学習のこと。

企業側が主体となって企画する場合，ほとんどは採用活動の一環として実施される。インターンシップ経由の採用枠を設けている企業も多く，そのようなインターンシップを採用直結型のインターンシップと呼ぶこともある。企業では，自社に合った人材を獲得するためにさまざまなルート（学校推薦，リクルーター，合同企業説明会，学内企業説明会，自社説明会，およびインターンシップなど）を通じて採用活動をおこなう。採用活動におけるルートの一つとして，インターンシップをおこなう企業が多くなってきている。

❖ 1-3　インターンシップの実際

インターンシップの実施企業割合をみると，従業員規模 1,000–4,999 人で 81％，5,000 人以上で 92％の企業が実施している（就職みらい研究所 2018）。また，今後の採用活動で注力したいことを企業に尋ねた結果をみると，「大学との関係強化」「プレ期（採用広報解禁前）の活動」「内定者フォロー」などの施策を抑え，「インターンシップの実施・見直し」をあげている企業の割合（61％）が最も多くなっている（キャリタスリサーチ 2018a）。さらに，学生のインターンシップ参加率をみると，2013年卒業の学生では全体の半数に満たなかったが（44％），2019年卒業の学生は全体の 80％がインターンシップに参加している（キャリタスリサーチ 2018b）（図 9-1）。

本節でみてきたとおり，ここ数年のあいだに，インターンシップは学校教育だけ

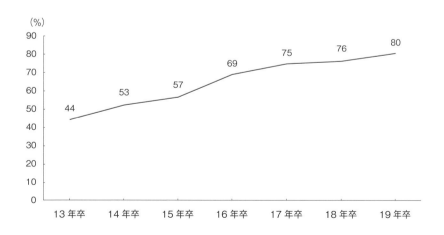

図 9-1　学生のインターンシップ参加率

Part 2　組織を知るための六つの視点

でなく企業の採用活動において重要な手段として位置づけられるようになってきた。一方で，さまざまなタイプのインターンシップ（業務体験型，講義型，PBL 型）が混在し，また，その期間も 1 日間から半年間と幅広くあるため，どのような学生に対して，どのようなインターンシップが有効かは不明な状況である。今後は，インターンシップの実施主体（学校，学生，企業）が各々の目的を明確にし，それに適合するようなプログラムを企画あるいは選択することが求められる。

2　適性検査

❖ 2-1　学力を判断する

採用活動プロセスのなかで，適性検査（筆記試験含む）を実施する企業は全体の94%にのぼる（就職みらい研究所 2018）。また，その実施時期は 1 次面接前に実施する企業が多く，なかには最終面接後に実施する企業もある。なお，「適性検査」という用語を使用する企業が多いが，その実態は言語（国語），算数（数学），英語，一般常識（社会・理科・時事問題）などの学力面が主であり，実態としては学力試験ととらえておいたほうがよい。

また，学力を判断するために適性検査を使用する場合，多くの企業ではあらかじめ最低点を定めておき，最低点をクリアした学生はすべて 1 次面接に呼ぶといった使い方をする。そして，それ以降の採用プロセス（1 次面接～最終面接）で，適性検査の結果が重要な合否判断基準として用いられることはほとんどない。つまり，1 次面接の権利を勝ち取る足切り基準としてだけ，（学力の面に限る）適性検査の結果が利用されるのである。

したがって，受験者の立場からみれば，必ずしも適性検査で高得点をねらう必要はない。最低点をとれるように，準備しておけばよいことになる。そのためには，事前に問題集などを用いて，適性検査で出題される問題に解き慣れておく必要がある。また，テストセンター[4] などでの受験に慣れておくことも重要である。とくに，受験ピーク時は，テストセンター会場が混雑することもあり，会場によっては集中できる環境が十分に提供されないことも考えられる。パソコンの操作に慣れておく

4）試験専用の会場をテストセンターという。テストセンターを運営する専門業者がいくつかあり，全国各地に会場を開設している。テストセンターにはデスクトップ型のパソコンが多く設置されており，受験者はパソコン上で試験を受けることになる。個室の場合もあるが，ほとんどは仕切りで区切られたオープンスペースで受験する。

Chapter 9　就職活動

ことや，集中しにくい環境で問題を解くことに慣れておくことなど，できる限りの準備をしておきたい。

❖ 2-2　性格を判断する

適性検査のもう一つのねらいは，学生の性格面[5]を測定することにある。その目的は，第5章「私の強み」で述べたコンピテンシー採用に利用するためである。つまり，高業績をあげる従業員の性格特性をあらかじめ明確にしておき，そのタイプとあまりにもかけ離れている受験者をふるいにかける。そのうえで，1次面接以降で学生の性格特性を見極めるのである。

また，コンピテンシー採用とはまた違った目的で性格検査をおこなう場合もある。とくに近年では，メンタルヘルス対策に頭を悩ませる企業が多く，採用の段階で「ストレス耐性」の低い学生を特定し，ふるいにかけることもあるようだ。そのうえで，先と同様に1次面接以降で学生のストレス耐性を確認していく手順がとられる。

性格を判断する是非をここで議論することはしないが，現実的な問題として，性格面における適性検査対策を考えておきたい。具体的な対策として，第一に，早い段階で自分自身の性格特性を理解しておくことである。その理由は，企業説明会やインターンシップなどで，その企業が求める人材像（性格特性）がみえてきたときに，自分自身の性格特性とあまりにもかけ離れていないかを判断できるためである。自分自身の性格特性と合っていることを判断するのは難しいが，あまりにもかけ離れていることは直感的に自覚しやすい。

具体的な対策の第二は，性格特性を柔軟にしておくことである。性格特性を形づくる具体的な行動は，それが必要とされる場面に立って初めて発揮されることもある。たとえば，アルバイト先で部下指導を任される立場に立たされることで，初めて「リーダーシップ」や「計画力」などの行動が発揮されるような場合があるだろう。これまで体験したことのない立場にあえて立つことで，自分で思いもしなかった性格特性を形づくる具体的な行動が開花していくようなイメージである。そしてそれが，自身の行動レパートリーを豊富にする。性格特性を柔軟にするとは，つまり，場面に応じて自らの行動を柔軟にコントロールできる（自らが保有する行動レパートリーのなかから，そのつど選び取ることができる）ようになることである。それが

---

5) ここでいう性格とは，「個人の認知，感情，行動が統合された特性」としておく。適性検査によって，認知，感情，行動の各側面のどこに焦点があてられているかは異なる。

Part 2 組織を知るための六つの視点

できるようになれば，応募先の企業が求める人材像（性格特性）にも適応しやすくなるだろう。

具体的な対策の第三は，ストレス耐性を高めることだ。ストレスを感じる対象（ストレス源）は，誰にでもある。ストレス源に直面したときにうまく対応する方法は，ストレスコーピング[6]の技法として体系化されている。ストレス耐性に不安を感じる場合は，できるだけ早いタイミングでキャリアカウンセラーなどに話を聞いてもらい，心理的な教育を受けるのもよいだろう。

❖2-3　適性検査の種類

適性検査には多くの種類があり，最も有名なものがリクルートの提供する「SPI3」である。そのため，適性検査対策のことを「SPI対策」と一般的に呼んでいる。（学力面の）適性検査対策用の問題集も販売されているので，いくつかの種類の問題集を解いておくとよいだろう。

> ◎主な適性検査
> ・SPI3（株式会社リクルートマネジメントソリューションズ）
> ・GAB/CAB（日本エス・エイチ・エル株式会社）
> ・玉手箱Ⅲ（日本エス・エイチ・エル株式会社）

3　面　　接

❖3-1　コンピテンシー面接

第5章「私の強み」でみたように，採用面接の手法としてコンピテンシー面接が注目されている。一般的にコンピテンシーとは「特定の仕事において高い業績を出す者の行動特性」である。前節でも触れたが，あらかじめ自社において高い業績をあげている者の行動特性を明確にしておき（自社のコンピテンシーの明確化），適性検査を通じて，あまりにも自社の求める人材像からかけ離れた受験者をふるいにかけ

6）ストレスコーピングには，①ストレスそのものに対する働きかけによってストレスをなくす方法，②ストレスに対して周囲の人の協力を得て解決する方法，③ストレスによって発生した自分の不安感や怒りなどの感情に対処する方法などがある。

ておく。その後，面接を通じて，受験者のコンピテンシーを明らかにしていくのである。コンピテンシーを明らかにするような面接方法をコンピテンシー面接あるいは行動結果面接（BEI：Behavioral Event Interview）と呼ぶこともある。

◎コンピテンシー面接の例

面接官：学生生活のなかで，最も頑張ったことを教えてもらえますか。

学　生：はい，飲食店のアルバイトです。お客さまが何を求めているのかを常に意識しながら対応することを心がけてきました。アルバイトをとおして，おもてなしの精神が培われたと思います。

面接官：最も印象に残る具体的なエピソードを，一つ教えてもらえますか。

学　生：はい，ある女性のお客さまが（…略…）。

面接官：そのときに，あなたがとった行動を，具体的に教えてもらえますか。

学　生：はい，私は（…略…）。

面接官：なるほど，なぜそうしようと思われたのですか。

学　生：そのとき（…略…）。

面接官：その結果，どうなったのですか。

学　生：お客さまが（…略…）。

面接官：今振り返って考えてみると，あなたにとって何が嬉しかったのでしょうか。

　上の例でみたように，コンピテンシー面接において，面接官は徹底的に学生のとった具体的なエピソード（いつ，どこで，何をした）を聞き出そうとしている。これは，学生がとった行動の背後にある状況をできるだけ面接官がイメージしやすくするための質問である。

　繰り返し述べるように，コンピテンシーは「特定の仕事において高い業績を出す者の行動特性」であり，行動特性が発揮される場面設定（＝特定の仕事場面）がきわめて重要になる。どのような状況のときに，どのような行動をとることができる人物を採用しようとしているのか（＝コンピテンシー）をあらかじめ面接官は理解している。具体的なエピソード（いつ，どこで）を聞き出すことで，コンピテンシーが想定する状況との類似性を面接官は判断しているのである。

　次に，面接官は学生がとった行動を具体的に聞き出そうとしている。これは，実際に学生自身がとった行動を知ろうとするための質問である。企業によっては，行

動面とともに認知面（考え方や価値観）を含めて確認することもある。その場合は，先の例であげたように「なぜ，そうしようと考えたのですか」「なぜ，それが嬉しかったのですか」などの質問が加えられることになる。

❖ 3-2　コンピテンシー面接で求められること

コンピテンシー面接で学生側に求められることを，2点述べておきたい。第一に，具体的な行動例（エピソード）が存在することだ。そもそも具体的な行動例がなければ，いくら学生が自分の強みを主張したとしても，面接官はその強みを受け入れる（信用する）ことができない。それは，強みを裏づける根拠となる行動例がなく，その強みを本当に学生が持ち合わせているか判断できないためである。

見方を変えれば，面接対策用に自分の強みを分析する際は，具体的な根拠（これまでの行動）から，強みを導き出せばよいことになる。「強みは何か」と問いかけるのではなく，これまでの活動を通じて実際にとってきた行動をできるだけたくさん書き出し，それぞれの行動に簡単にラベル名をつけていくとよい。そのラベル名が，自分自身の強みを表すキーワードになる。

コンピテンシー面接で学生側に求められることの二つめは，主張と根拠をわかりやすく相手に伝えることだ。主張と根拠のあいだの関連性が伝わらなければ，先と同様にその主張（たとえば，「私の強みは＊＊だ」）の正しさを面接官が判断できなくなる。

たとえば，「私の強みは主体的に行動できることです。その根拠は，アルバイトを通じてお客さまに感謝していただけたことが多くあったためです」という話は，わかりにくい。

それは，「主体的に行動できること」という強みと「お客さまに感謝していただけたことが多くあったこと」のあいだの関連性がうまく伝わっていないためである。実際には，「主体的に行動した」から「お客さまに感謝してもらえた」ときの具体的なエピソード（行動）を頭のなかでイメージできている学生は多い。しかし，その具体的な行動を言葉で表現できていないため，学生の頭のなかにあるイメージが面接官にまったく伝わっていないのである。

この問題を解消するためには，日頃の会話を通じて，わかりやすく伝えるトレーニングを積むことである。具体的には，できるだけ具体的な状況を詳しく述べるように意識することや，常に根拠と主張を（自他に）問いかけるように意識するとよいだろう。

Chapter 9　就職活動

◆ワーク 9-1 【エピソード分析①】

▶ワーク 5-1【社会人基礎力】（☞ pp.55–56）で記入したエピソードのなかから一つを選び，以下の空欄を埋めてください。

Q1. いつ，何をしましたか？（具体的な年月，具体的な場面，具体的な行動）

Q2. そのとき，誰と一緒でしたか？（固有名詞で，周りにいた人の名前を列挙）

Q3. 工夫した点は何ですか？（あなたがほかの人と入れ替わっていたとしたら，ほかの人も同じ行動をとったでしょうか？　あなただからこそできたことは何でしょうか）

Q4. 結果はどうなりましたか？（具体的に数値化して書き出してみましょう）

Q5. 何が嬉しかったですか？（あなたにとって嬉しかったことは何だったかを考えてみてください）

Part 2　組織を知るための六つの視点

◆ワーク 9-2　【エピソード分析②】

▶ワーク 9-1【エピソード分析①】（☞ p.113）のエピソードをあらためて熟読し，以下の項目ごとに「5 点：十分に発揮されている」から「1 点：ほとんど発揮されていない」の 5 点満点で点数をつけてみましょう。

項　目	点　数 （5 点満点）
主体性（進んで取り組む）	
働きかけ力（周囲を巻込む）	
実行力（行動する力）	
課題発見力（課題を明らかにする力）	
計画力（準備したり事前検討する力）	
創造力（新しいことを考える力）	
発信力（わかりやすく伝える力）	
傾聴力（相手の考えを聞き出す力）	
柔軟性（価値観を受け入れ尊重する力）	
情況把握力（関係性や役割を理解する力）	
規律性（ルールに則り行動を律する力）	

◆ワーク 9-3　【エピソード分析③】

▶ワーク 9-2【エピソード分析②】にあげた項目だけでなく，その他のキーワードを用いて，エピソードに点数をつけてみましょう。さらに，キャリアカウンセラーなどにも話を聞いてもらい，エピソードから導き出される強みとなるキーワードをいくつか考えてみましょう。

項　目	点　数 （5 点満点）

4 就職活動の実態

4-1 内定取得数

内定を取得した企業の総数をみると（就職みらい研究所 2018），2018 年卒業者で平均 2.5 社となっており，全体の 6 割の学生が 2 社以上の内定を得ている（図 9-2）。内定取得数の平均が 2 社を超えたのは，2015 年卒業者以降 4 年連続となっている。また，2 社以上の内定を得た学生の割合も 2014 年卒業者で 45％であったものが，4 年後の 2018 年には約 15 ポイント増加している。

4-2 内定取得後の就職活動継続状況

最初の内定を受けた後，就職活動を継続した者の割合は 57％にのぼる（就職みらい研究所 2018）。継続した理由として「より志望度の高い企業の選考を受けるため」（76％）と回答した者が最も多く，「内定取得先の企業でいいのか不安に感じたため」（34％），「より多くの企業を知るなど社会勉強のため」（17％）との回答がつづく。

4-3 採用活動の形態

学生が応募した企業の採用活動形態（複数回答）をみると（就職みらい研究所 2018），「一般応募」が 82％と最も多く，「インターンシップからの採用」（20％），「人材紹介サービスを通じた採用」（14％）とつづく。ほかには，「リクルーター面談からの採用」（13％），「学校・教授推薦」（14％）などがある。

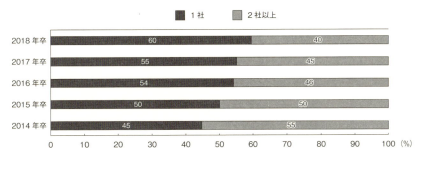

図 9-2　内定取得企業数

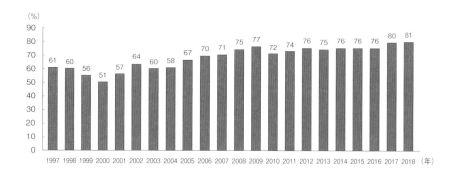

図9-3 就職先の希望が第1志望である者の割合

❖ 4-4 就職先の志望度

日本生産性本部（2018）が実施した調査によると，就職先の志望度について，2018年卒業の新入社員の81%が今の会社が第1志望であったと回答している。この割合は4年連続で上昇し，項目を設けた1997年以降で最高の値となった（図9-3）。

Chapter 10

人材マネジメント

1 組織社会化

❖ 1-1 組織社会化とは

　学生から社会人への転機では，入社した企業特有の組織文化を受け入れ，組織への適応を果たすことが求められる。そのような，新しい組織への適応の過程を扱う一連の研究群を組織社会化の研究という。組織社会化とは「ある組織に新しく入ってきた者が，その組織に適応する過程」と定義される。その組織に適応する過程には，組織の規範や価値観を理解すること，組織から期待されている役割を遂行すること，またはその組織で必要とされるスキルを獲得することなどが含まれる。

　これまでの研究によると，組織社会化に成功すると会社への帰属意識が高まり，職務満足度やモチベーションがあがり，離職率が低下することなどが明らかになっている。つまり，逆にいえば組織社会化に失敗すると早期離職につながるか，または十分なパフォーマンスを発揮できないまま組織のなかでくすぶりつづけることになりかねない。それゆえ，新たな組織に参加する際にはいち早く組織社会化に成功することが，自らのキャリアをデザインするうえできわめて重要な課題であるといえる。

❖ 1-2 組織社会化の六つの次元

　組織社会化に成功したことを自己判定するためには，次の問いに答えてみるとよい──「あなたは，真の組織メンバーだと思えますか」。

　「間違いなく私は真の組織メンバーだ」と言えるようであれば，組織社会化に成功していると判断できる。あるいは，以下に示す組織社会化の程度を測る6次元（表10-1）の学習内容をクリアできていると思えるようであれば，「私は真の組織メンバーだ」と自信をもって断言してもよいだろう。

117

Part 2　組織を知るための六つの視点

表 10-1　組織社会化の程度を測る 6 次元（Chao et al.（1994）を参考に作成）

項　目	内　容
①仕事そのもの	仕事における課題や，課題解決の仕方を理解していること
②学ぶべき他者	周囲に学ぶべきロールモデルが存在すること，また他者の行動から学習できていること
③権力構造	組織がものごとを決める際のキーマンを把握すること，また決定ルートを理解すること
④特有言語	組織固有の専門用語，略語，俗語，仲間内の言葉などを理解すること，また使えること
⑤組織目標	組織の掲げる目標や価値観を理解すること，またそれを受け入れること
⑥歴　史	組織メンバーが共有している組織の歴史を理解すること

❖ 1-3　組織への適応を促す要因

　組織社会化は，実際に企業に入社する前から始まっている。たとえば，入社前の段階で実施した自己分析や企業研究の深さが，入社後の組織社会化にポジティブな影響を及ぼすことがある。このような入社前から始まる組織適応の過程を，予期的社会化という。

　予期的社会化は，個人の要因だけでなく，組織が主体となっておこなわれるものもある。代表的な例として，企業の採用施策があげられる。つまり，企業がどのような採用方法を用いるかによって，新入社員の入社後の組織適応が左右されるというものだ。

　たとえば，求職者に対して自社のよい面ばかりを発信してしまうと，入社後のリアリティショック（入社前の期待と，入社後の現実とのギャップによる幻滅感）によって，新入社員の適応を阻害することが知られている。これを防ぐために，企業のよい面ばかりでなく悪い面も含めた自社の情報を積極的に開示する方法などがとられており，このような施策のことを RJP（realistic job previews）と呼ぶ。

　予期的社会化に対して，入社後の組織適応過程を組織内社会化と呼ぶ。組織内社会化を促す個人の適応行動のことを，プロアクティブ行動（proactive behavior）という。具体的なプロアクティブ行動として，①情報探索行動，②ネットワーキング行動，③ポジティブ思考などがあげられる（表 10-2）。

　組織内社会化を促す組織主体の一連の施策を，組織社会化戦術と呼ぶ。組織社会化戦術にはさまざまなものがあるが，代表的なものとして，①新入社員研修，②メンター制度，③ OJT（on-the-job training）などがある（表 10-3）。

118

10 人材マネジメント

表 10-2 プロアクティブ行動の具体例

項 目	内 容
①情報探索行動	組織に関する情報を，上司や同僚から積極的に得ようとする行動のこと。企業に限らず，一般的に情報は自分から得ようと思わなければ手に入らないため，情報探索行動はきわめて重要な組織適応行動といえる。
②ネットワーキング行動	上司や同僚に自分の存在を認めてもらうために，飲み会などに積極的に参加したり，効果的に仕事を進めたりすること。人脈づくりの行動。
③ポジティブ思考	現実を否定的にとらえるのではなく，肯定的にとらえることのできる思考の枠組み。たとえば，配属先が希望どおりでなかったとしても「自分ではみえない特徴を人事が汲み取り，＊＊部に配属してくれた」「希望していた部署で活躍するために，＊＊部の経験がきっと活きるはずだ」などと考える。

表 10-3 組織社会化戦術の例

項 目	内 容
①新入社員研修	組織に参入後，正式配属までのあいだに実施される研修をいう。ビジネスマナー，IT リテラシー（Word や Excel など），企業の歴史などを学ぶ。実施期間は，数日から半年以上まで，企業によって大きく異なる。企業によっては，入社後 2 年間は仮配属と称して，その期間を新入社員研修期間とする場合もある。自社内で実施する企業は全体の 8 割（労務行政研究所編集部 2011）。
②メンター制度	直属の上司とは別に，メンターと称する特定の社員を新入社員に割り当て，新入社員の不安や悩みの相談になるなどのサポートをおこなう仕組み。メンターを割り当てるだけの場合もあれば，メンター面談と称した定期面談（1 か月に 1 回など）の実施を義務づける場合もある。
③ OJT（on-the-job training）	仕事を通じておこなう教育訓練のことをいう。仕事の場を離れておこなう教育訓練のことを，Off-JT（off-the-job training）（社外研修）という。OJT および Off-JT を通じて，企業内教育が実践されている。従業員一人あたりの教育研修費用は約 47,000 円（年間）となっている[1]。

1) 2018 年度予算額（産労総合研究所 2018）。

Part 2　組織を知るための六つの視点

2　キャリア自律

※ 2-1　キャリア自律時代のキャリアデザイン

　1980 年代後半以降の経済停滞やグローバル競争の激化に応じるために，米国において，企業の規模縮小や事業の再構築が推し進められた。その結果，安定した長期雇用の崩壊とともに雇用の流動化が進み，特定の企業内で長期的，安定的に形成される「伝統的キャリア」に代わる新しいキャリアデザインのあり方を表す用語が誕生した。それは「バウンダリレス・キャリア（企業や業界の境界をまたがって構築されるキャリア）」や「プロティアン・キャリア（環境の変化に応じて自分自身も変化させていく変幻自在なキャリア）」などと呼ばれるものである。さまざまな新しいキャリアデザインのあり方に共通した理念は，キャリア自律，すなわちキャリアデザインの責任を個人がもつことにある。

　「キャリア自律」の時代において，自らのキャリアをどのようにデザインすればよいだろうか。特定の企業内で長期的，安定的に形成される「伝統的キャリア」の時代においては，就職前に適性検査などを通じて適性を見極め，企業とのマッチングをおこなうプロセスに重きを置くようなキャリアデザインのあり方が一般的であった。また，年代ごとの発達課題を順に克服していくような，階段型のキャリアデザインモデルにもとづくキャリアデザインのあり方が重視されていた。このような「伝統的キャリア」の時代のキャリアデザインのあり方に対して，「キャリア自律」の時代のキャリアデザインのあり方は，プランド・ハプンスタンス理論[2]やアジャイル・キャリア・デベロップメント[3]など，変化への適応により重点が置かれる。

※ 2-2　アジャイル・キャリア・デベロップメント

　アジャイル・キャリア・デベロップメントとは，ソフトウェア開発において用いられている開発モデル（アジャイル開発モデル）を，キャリアデザインに応用したものである。それまで一般的であったソフトウェアの開発モデル（設計 → 開発 → テスト → 運用の各工程からなる）では，工程ごとに厳密なテストを実施し，工程の後戻り

---

[2]　プランド・ハプンスタンス理論によれば，キャリアは偶然に左右されるものであって，その偶然をうまく活用できるよう，あるいはそうした偶然を意図して呼び起こせるようにすることが大切であるという。

[3]　アジャイル・キャリア・デベロップメントの詳細は，吉川（2018）を参照のこと。

120

を許さなかった。これに対し，アジャイル開発モデルでは暫定的に利用可能なシステムを早期に構築し，継続的に改良をおこなっていくことを強調する。

それは，技術革新の変化のスピードや顧客の要求の変化に柔軟に対応するために生み出された，新しいソフトウェア開発モデルとされている。これを援用し提示されたアジャイル・キャリア・デベロップメントは，キャリア自律時代のキャリアデザインのあり方の参考になる。吉川（2018）によれば，アジャイル・キャリア・デベロップメントは次の四つの基本的価値をもつ。

> **第一の価値：キャリアに関する一般論やノウハウよりも，自分自身のキャリ
> ア観や仲間との相互作用**

第一の価値は，既存の枠組みに頼りすぎることなく，自らのキャリアに対する考え方や価値観を大事にするというものである。また，一般論や他者の価値観に過度に振り回されるのではなく，キャリアについて語り合える仲間との相互作用を通じて形成される自分のキャリア観を大切にする。

> **第二の価値：キャリアに関する包括的・長期的な計画よりも，行動に移せる
> 日々のタスクや成長を実感できる結果**

第二の価値は，見栄えのよいキャリアプランを立てることに固執しすぎず，具体的な日々のキャリアの歩みを重視するというものだ。今すぐに行動に移せる小さなタスク，あるいは1か月後の身近な成長を実感できる活動など，目に見える変化を大切にする。

学校のキャリア教育や，企業のキャリア研修では，今後の夢やなりたい姿を描き，その実現に向けたキャリアプランを作成することが多い。アジャイル・キャリア・デベロップメントの価値に従えば，そのねらいは完成度の高いキャリアプランをつくることではない。今すぐに行動に移せる小さなタスクを明確にし，それを実行するための動機づけを高めるためにキャリアプランを作成するのである。

> **第三の価値：利己的なキャリアを描くよりも，組織や他者との協調的なキャ
> リア形成**

Part 2 　組織を知るための六つの視点

　第三の価値は，自分だけが有利になるような利己的なキャリアを目指すよりも，周囲の人たちや自分を取り巻く環境に協調的なキャリアを重視するというものである。キャリア自律という用語が人びとに与える誤解の一つに，組織の価値観よりも個人の価値観を優先するというものがある。しかし，キャリア自律は，組織と個人の価値観を天秤にかけるようなことはしない。アジャイル・キャリア・デベロップメントの価値が示すように，組織と個人が協調し，双方にとって望ましい結果が生まれるようなキャリア形成を目指すのである。

> **第四の価値：キャリアに関する計画に従うことよりも，社会や身の回りの状況の変化に対応すること**

　第四の価値は，計画に従うことよりも，そのときどきの環境の変化に柔軟に適応することを重視するものである。第二の価値で述べたように，学校のキャリア教育や，企業のキャリア研修では，今後の夢やなりたい姿を描き，その実現に向けたキャリアプランを作成することが多い。アジャイル・キャリア・デベロップメントの価値にもとづけば，そこで作成されたキャリアプランは常に書き換えられるものであるという見方に立つ。個人が小さな行動を起こせば，それに呼応する形で組織に変化が生じる。組織だけでなく，行動を起こした個人も，行動を起こす前に比べるとすでに変化している。したがって，キャリアに関する計画およびそれにもとづく行動は常に柔軟であったほうがよい。

3 　キャリア自律支援

❖3-1 　キャリア自律支援とは

　1990年代後半以降，日本ではキャリア自律を労働者の望ましいキャリア形成のあり方として重視するようになり，さまざまなキャリア自律支援のための取り組みが進められてきた。2016年に改正された職業能力開発促進法では，①労働者には，自らのキャリア開発における責任が課され，②事業主には，労働者が自らのキャリア開発の設計・目標設定，そのための能力開発をおこなうことの支援が努力義務として課されている（花田2016）。

　職業能力開発促進法が施行される以前から，大手企業の多くは従業員のキャリア自律支援のための取り組みをおこなってきた。それは，一般的に「キャリア開発プ

10　人材マネジメント

ログラム」「キャリア開発支援制度」「キャリア形成支援制度」などと称される。具体的には，①キャリアデザイン研修の実施，②個別相談の実施，③社員が自律的に職場を選べる仕組み，の三つの取り組みからなる。

1）キャリアデザイン研修

キャリアデザイン研修の対象は，新入社員から定年前の従業員まで，雇用されているすべてが対象となる。ただし，対象年代・役職に応じて研修内容が異なることから，年代別・役職別に実施されることが多い。

たとえば，新入社員向けのキャリアデザイン研修であれば，先に述べた第1節「組織社会化」（☞ pp.117-119）方策の学習，組織内キャリア計画の作成，およびライフキャリア計画の作成などが中心となる。また，50代・役職者向けのキャリアデザイン研修であれば，部下のキャリア支援の方法，役職定年[4]後の仕事の進め方，および今後のワーク・ライフ・バランス[5]の考え方などが中心となる。

キャリアデザイン研修の講師は，社内のキャリアコンサルタントが講師になる場合，または社外のキャリアコンサルタントが講師になる場合（社外のキャリアデザイン研修に参加する場合を含む）などがある。実施時間もさまざまで，短いものであれば90分，長いものだと3日間にわたるものもある。また，集合研修に限らず，書籍やeラーニングを活用した方法もある。

2）個別相談

個別相談の対象は，キャリアデザイン研修と同様，すべての従業員が対象となる。個別相談の実施者は，上司，メンター，社内のキャリアコンサルタント，社外のキャリアコンサルタントなどが担当する。

上司やメンターが実施する場合は，キャリア相談として時間をとる場合もあるが，多くは評価面談やメンター面談の枠組みのなかでキャリアについて話し合うことに

4）役職定年制度の詳細は，第11章第4節「高齢者雇用」（☞ p.138）を参照のこと。

5）ワーク・ライフ・バランスが実現した社会とは，「国民一人ひとりがやりがいや充実感を感じながら働き，仕事上の責任を果たすとともに，家庭や地域生活などにおいても，子育て期，中高年期といった人生の各段階に応じて多様な生き方が選択・実現できる社会」とされている（内閣府「仕事と生活の調和（ワーク・ライフ・バランス）憲章」〈http://www.wa.cao.go.jp/wlb/government/20barrier_html/20html/charter.html（最終閲覧日：2018年11月30日)〉。

Part 2 組織を知るための六つの視点

なる。社内あるいは社外のキャリアコンサルタントが実施する場合は，キャリアデザイン研修の時期に合わせておこなわれることが多い。

3）社員が自律的に職場を選べる仕組み

社員が自律的に職場を選べる仕組みとして，社内公募制度，FA 制度，異動希望申告制度などがある。

社内公募制度とは，特定の時期（たとえば，6月と12月の年2回）に，各部門が必要とする人材を社内公募し，応募者のなかから要件に合う人材を異動させる制度をいう。逆に，社員が自らのスキルを特定の部門に売り込み，双方の要件が合致すれば異動が成立する制度を FA 制度という。いずれの制度も，直属の上司が介入しないまま異動が確定する点が特徴である。

これに対して，評価面談などの場で，社員が今後の配置に関する希望を述べる制度（異動希望申告制度などと呼ばれる）が従来から存在する。しかし，職場によっては，優秀な部下を部門内に引き留めようとする気持ちが上司側に働いたり，異動希望を上司に伝えると，（今の仕事に不満があるのかと思われてしまい）評価にマイナスの影響を及ぼすのではないかといった本人の不安が生じたりすることにより，十分に機能しないこともある。異動希望申告制度を補完するものとして，社内公募制度や FA 制度が存在するととらえておくのがよいだろう。

※ 3-2 キャリアコンサルティング

キャリアコンサルティングとは，「労働者の職業の選択，職業生活設計又は職業能力の開発及び向上に関する相談に応じ，助言及び指導を行うこと」[6] をいう。キャリアコンサルタントは職業能力開発促進法において国家資格と定められており，資格を保有しない者は，キャリアコンサルタントまたはこれに紛らわしい名称を用いてはならないこととされている。

キャリアコンサルティングは，①自己理解の支援，②意思決定の支援，③方策の実行支援が中心となる。これらの支援をおこなうためにキャリアコンサルタントに求められる知識および技能として表10-4にあげる項目が定められている。ここに

6）厚生労働省「キャリアコンサルティング・キャリアコンサルタント」〈https://www.mhlw.go.jp/stf/seisakunitsuite/bunya/koyou_roudou/jinzaikaihatsu/career_consulting.html（最終閲覧日：2018年11月30日）〉

10　人材マネジメント

表 10-4　キャリアコンサルタントに求められる知識と技能

◎必要な知識	◎必要な技能
1　キャリアに関する理論	1　カウンセリングの技能
2　カウンセリングに関する理論	2　グループアプローチの技能
3　自己理解の知識	3　キャリアシートの作成指導及び活用の技能
4　仕事の知識	4　相談過程全体の進行の管理に関する技能
5　職業能力の開発の知識	5　相談場面の設定
6　人事管理及び労務管理の知識	6　自己理解の支援
7　労働市場の知識	7　仕事の理解の支援
8　労働関係法令及び社会保障制度の知識	8　自己啓発の支援
9　学校教育制度及びキャリア教育の知識	9　意思決定の支援
10　メンタルヘルスの知識	10　方策の実行の支援
11　ライフステージ及び発達課題の知識	11　新たな仕事への適応の支援
12　人生の転機の知識	12　相談過程の総括
13　個人の特性の知識	

あげられた知識や技能は，キャリアコンサルタント資格の有無にかかわらず，部下をもつ上司やメンターにとっても有用であると思われる。部下指導の基本的知識および技能として，身につけておきたい内容であるといえる。

4　評価制度

本節では，企業において評価制度が何を目的に実施され，具体的にどのように運用されるのか，また評価された結果がどのように活かされるのかをみていきたい。

❖ 4-1　評価の目的
評価の目的は，①組織方針の伝達，②処遇の決定，③キャリア開発の三つに大別できる。

1）組織方針の伝達と理解
自社のあるべき姿やなりたい姿を従業員に提示することによって，個々の従業員を一つの方向に行動づけることができる。自社のあるべき姿やなりたい姿は，図

Part 2　組織を知るための六つの視点

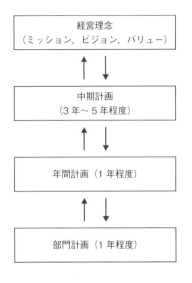

図10-1　組織方針の階層

10-1のようにいくつかの階層に分かれて提示されていることが一般的である。

経営理念とは，企業の存在意義や順守すべき価値観が明文化されたものであり，従業員に広く浸透することが図られているものである。中期計画や年間計画と異なり，経営理念はいつまでに何をするといったことを表明するものではなく，常に（今も），また企業が存続する限り（永遠に），意思決定や行動の根拠として用いられる。

一方，中期計画や年間計画は，期限を明確に示し，具体的に何をどういった状態にするのかを表明したものである。中期計画にもとづき年間計画が立てられ，年間計画にもとづき部門計画が立てられる。

そして，部門計画にもとづき，従業員一人ひとりの個人目標を設定することになる。個人目標の背後には必ず部門計画があり，その背後には企業の年間計画，そして中期計画が存在している。個人目標を設定する過程をとおして，企業の価値観や具体的な方針を個人は知ることになる。このように，評価の最も重要なポイントは，個人が組織から求められていることを知り，何をすべきかを理解することにある。

2）処遇の決定

評価の結果は，処遇の決定，すなわち個人の昇格や賃金の決定に活かされることになる。たとえば，昇格基準に「年間評価の結果が，2年連続でAランク以上」などの具体的な水準が設けられていることが多い。また，賃金の決定では，今年度の年間評価のランクに応じて翌年度の昇給額に差をつけたり，今年度の年間評価のランクに応じて翌年度に支給する賞与額に差をつけたりする。

3）キャリア開発

評価の過程をとおして，個人の強みや改善点が明らかになる。上司と部下がそれを共有し，次年度に向けて何を身につければよいかといったスキルアップ目標を設

定する。あるいは，個人の価値観や中長期のなりたい姿を上司と共有し，今後の異動計画などを話し合う。

　会社の価値観（会社が従業員に求める姿），上司の価値観（上司が部下に求める姿），および個人の価値観（自身がなりたい姿）は，価値観を有する主体がそれぞれ異なる以上，3者の価値観を完全に合致させることは難しい。現実的には，3者の価値観を別個のものとして把握しておいたうえで，当面の目標を擦り合わせることになるだろう。

　また，価値観の葛藤が原因で心理的に落ち込み，仕事にやる気がもてない状況に陥ることがある。そうならないためには，3者の価値観が異なることを上司と部下がお互いに受け入れること，そして，葛藤の具体的内容を明らかにし，上司と部下のあいだで共有しておくことが重要である。

❖ 4-2　評価の内容

　日本企業における一般的な評価項目は，①業績評価，②行動評価，③能力評価の三つに分けることができる。

1）業績評価

　半年または1年で，具体的に何をどれだけおこなうのかをあらかじめ明確に設定しておく（目標設定）。たとえば，営業職であれば受注金額，サポート職であれば顧客満足度の数値といった具合に，仕事内容に応じた具体的な数値を決めておくのである。

　目標の数は3-5個程度であり，目標の難易度を個別に設定することもある。難易度が低ければ，目標を相当上回る結果を出さなければ高く評価されないが，難易度が高ければ目標未達であっても，その達成度によって一定の評価がなされることになる。

2）行動評価

　業績を生み出すために，具体的にどのような行動をとったのかを評価する。一般的には，あらかじめ行動評価の項目と基準が明示されており，半年間または1年間の行動を振り返り，項目ごとに評価点をつけることが多い。

　行動評価の項目例として，「リーダーシップ」「チームワーク」などがある。行動評価の点数をつける際は，その根拠となるエピソードが必要になるため，上司は日

Part 2　組織を知るための六つの視点

レベル1 スタッフ	レベル2 シニア・ スタッフ	レベル3 マネジャー		レベル4 シニア・マネジャー	
		スペシャリスト	マネジャー	シニア・ スペシャリスト	シニア・ マネジャー

ユニット番号　00S091L11

選　択 能力ユニット	能力ユニット名	簿　記
	概　要	基本的な取引の記帳、適正な損益計算書・貸借対照表を作成するための決算整理等を行う能力

能力細目	職務遂行のための基準
①担当業務に関する作業方法・作業手順の検討	○　簿記の意義・目的、資産・負債・資本・収益・費用、簿記の手順など、簿記業務の推進に必要な基本的事項を理解している。 ○　簿記に関する担当業務について、上司や先輩・同僚からの助言を踏まえ、現状における問題点や優先的に取り組むべき課題を整理している。 ○　決算や補助簿の作成などの担当業務について、実施手順や事務的手続、社内決裁ルート等を正しく理解したうえで職務遂行している。 ○　担当業務の実施方法や実施手順に曖昧な点がある場合には、曖昧なままにすることなく上司や先輩に質問し解決を図っている。

図 10-2　職業能力評価基準の例（経理／簿記）

頃から部下の仕事ぶりを観察することが求められる。

3）能力評価

　能力評価では，主に専門知識と職務遂行能力が対象になる。専門知識は，職種に応じて求められる評価項目が設定されている。大企業であれば，企業独自の評価項目を作成しそれにもとづき評価をおこなう。中小企業であれば，厚生労働省の職業能力評価基準（☞第 5 章第 4 節（pp.60-63））を参考にしながら自社の評価項目を作成することができる。

　参考までに職業能力評価基準のうち，経理職種の一部を掲載した（図 10-2）。職業能力評価基準では，経理職種のなかでも，①職務（「全職務共通」「経理」「財務管理」），②能力ユニット名（「簿記」「財務諸表基礎」「原価計算基礎」「国際会計基礎」「国際税務基礎」「財務諸表の作成」など），③能力レベル（「レベル 1」「レベル 2」「レベル 3」「レベル 4」）ごとに細かく評価基準が定められている。

◈ 4-3　評価ウェイトのバランス

　以上でみたように，業績，行動，能力の三つの視点から評価がおこなわれるが，

128

10 人材マネジメント

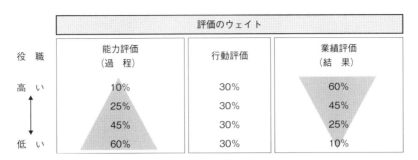

図10-3 評価ウェイトの例

役職の高さに応じて三つの評価ウェイトは変化する（図10-3）。たとえば、役職が高まるほど能力評価のウェイトは低下し、業績評価のウェイトが高まる（仕事の結果を評価するウェイトを高める）。一方、役職が低い場合には、能力評価により高いウェイトが与えられる（仕事の過程を評価するウェイトを高める）。行動評価は、役職に応じて項目内容やレベルが変化するだけで、評価ウェイトが大きく変化することはない。

Chapter 11

ダイバーシティ・マネジメント

1 ダイバーシティ・マネジメント

❊ 1-1 ダイバーシティ・マネジメントとは

　近年，企業のダイバーシティ・マネジメントの取り組みが盛んになっている。そもそもダイバーシティ・マネジメントは，1980年代に米国における人種・エスニシティ（民族性）の多様化を背景に誕生した（有村2007）。日本においてダイバーシティとは「多様な人材を雇用するだけでなく，企業に財務的・非財務的な効果がもたらされるような企業戦略，組織変革」（脇2012），「多様な属性や価値・発想を取り入れて，企業の成長と個人のしあわせにつなげる戦略」（関西経営者協会2006），「人々の間の様々な違い，すなわち多様性を競争優位に結び付けるための長期的な組織変革プロセス」（有村2007）などと定義される。これらを踏まえたうえで，本書では「多様な人材を雇用し，組織目標を実現させる一連の取り組み」をダイバーシティ・マネジメントととらえる。個人の生き方が多様化するキャリア自律の時代において，ダイバーシティ・マネジメントの重要性がさらに高まってくることが予想される。

❊ 1-2 多様性に関する属性

　ダイバーシティ・マネジメントにおいて，多様性に関する属性は「観察可能な属性」と「内在的な属性」に分類される。観察可能な属性とは，年齢，性別，人種など客観的に観察可能な属性を指し，これらの属性において多様であることを「観察可能な多様性」という。内在的な属性とは，個人の価値観，性格，保有スキルなどのように，外見からは観察できない属性を指し，これらの属性において多様であることを「内在的な多様性」と呼ぶ。

　ダイバーシティの属性の例を表11-1に整理する。

Part 2　組織を知るための六つの視点

表 11-1　ダイバーシティの属性例

観察可能な属性	個人の外形的属性 人種，国籍，居住地，性別，年齢，教育歴，母国語，婚姻状況，身体的特徴，家族構成，家庭状況（子育て・介護）など
	企業内の人事属性 人事格付（等級，レベル），役職，年収，勤続年数，勤務形態，雇用形態，所属部門など
内在的な属性	価値観，宗教，信条，性格など

❖ 1-3　ダイバーシティ・マネジメントと競争優位 [1]

　ダイバーシティ・マネジメントがうまく進めば，次の五つの点で企業の競争優位性を高める。第一に「離職・転職コストの削減」である。ダイバーシティ・マネジメントを成功させることで，社内で少数派となっている人びとの離職や転職を防ぐことができる。それは結果的に，採用コストや教育コストの削減にもつながる。

　第二に「人的資源の獲得」があげられる。適切なダイバーシティ・マネジメントをおこなうことで，それが労働市場でのアピールポイントとなり，結果的に人的資源の獲得が容易になる。

　第三は「マーケティングへの活用」である。少数派の人びとを雇用することで，彼・彼女らの視点がマーケティング活動に活かされ，新たな市場を獲得する可能性が広がる。

　第四に「創造性の向上」があげられる。多様な人びとが持ち込む多様な視点を活用することで，組織全体の創造性が高まると考えられる。

　第五に「組織のシステムの柔軟性の維持」があげられる。多様な人びとに対応していくなかで，組織の制度や働き方の柔軟性が向上されたり，維持されたりする。

❖ 1-4　ダイバーシティ・マネジメントの実際

　本節では，ダイバーシティ・マネジメントの定義や意義など外形的な事柄を中心に述べている。次節以降では，観察可能な属性の一例として，女性，障害者，高齢者を取り上げ，その就業状況や国の施策などを概観していく。それを踏まえて，現実のダイバーシティ・マネジメントに関する問題に，どのように対処していけばよ

---

1)　辺見（2017）にもとづく。

132

いかを考えてみたい。

1）オープンマインド

　第一に，互いの違いを受け入れる組織の土壌づくりが必要になるだろう。先に述べたように，ダイバーシティ・マネジメントの対象は，特定の属性（少数派の属性）に限るものではなく，すべての個人がその対象であることを自覚しておきたい。その自覚が，自己を客観視することを可能にし，他者を理解するための手がかりを与えてくれる。ダイバーシティ・マネジメントをうまく進めるためには，自分が他者とどう違うのか，また他者が自分とどう違うのかを理解し，違いを受け入れる態度がまず必要になると思われる。

2）柔軟な視点の切り替え

　第二に，ミクロとマクロの柔軟な視点の切り替えが必要になる。本章で述べる内容は，表面的でマクロな視点からの情報に限られている。それゆえ，ただちに現実のダイバーシティ・マネジメントの問題解決に役立たないと感じられるかもしれない。ダイバーシティ・マネジメントに起因する現実の問題は，もっと複雑で，個々のケースの特殊性がきわめて高い。一方で，個別性に気をとられるすぎるあまり，極端に偏った見方で物事をとらえてしまうこともある。全体像を俯瞰する視点と，個別性にフォーカスして解決策を検討する視点の両方を兼ね備えることが，とりわけダイバーシティ・マネジメントには必要であると思われる。

3）関係者間の対話

　第三に，立場の違いや，問題の性質について，対話を通じて丁寧に整理する必要がある。「制度を設計する立場」「部下をマネジメントする立場」「働く本人の立場」など，それぞれの立場によってダイバーシティ・マネジメントの論点は異なる。また，「客観的で具体的な対処が必要な問題」もあれば，「感情的な対処が必要な問題」もある。何が問題となっているのか，何を解決しようとしているのかを，関係者間の対話を通じて整理する必要がある。

11

2 女性の就業

❖ 2-1 M字カーブ

2018年8月時点の労働力調査において、15-64歳の女性に占める就業者の割合（＝就業率）が70.0%となり、比較可能な1968年以降で過去最高を記録した。

年平均では、統計が始まった1968年が53.8%、2010年に初めて60%を超えておりここ数年のあいだに女性に占める就業者の割合が大きく増えていることがわかる（図11-1）。

また、女性の就業者の割合が増加することにともない「M字カーブ」も緩やかになっている。「M字カーブ」とは、結婚や出産などを理由に30歳から40歳代の女性がいったん職から離れることにより、就業率の年代データをつなぐ線グラフがこの世代で顕著に落ち込む形状のことをいう。

M字の谷にあたる年齢は、1977（昭和52）年には25-29歳であったが、1997（平成9）年には30-34歳になり、2017（平成29）年には35-39歳へと変化している。また、M字の谷にあたる年齢階級の就業率をみると、1977年に46.0%であったものが、20年後の1997年には約10ポイント上がり（56.2%）、さらに20年後の2017年には約20ポイント近く上昇し（73.4%）、ほとんどM字の谷が解消されているようにみえる。

しかし、諸外国の状況をみると、欧米諸国ではほとんどM字カーブがみられない。

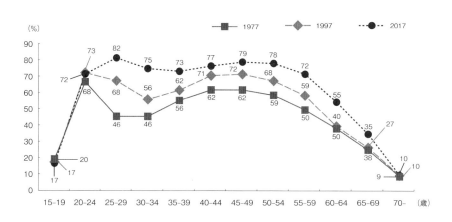

図11-1　女性の年齢階級別労働力率の推移（内閣府男女共同参画局 2018）

11 ダイバーシティ・マネジメント

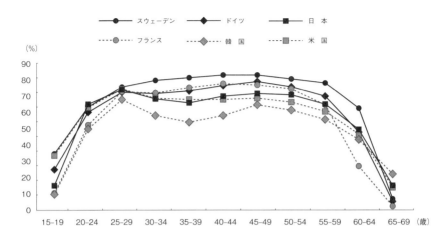

図 11-2 主要国における女性の年齢階級別労働力率（内閣府男女共同参画局 2018）

その一方で，韓国と日本において M 字カーブがみられる（図 11-2）。この理由は，第一に諸外国の育児期女性のパートタイム労働者比率が高いことがあげられる。それを後押ししているのが，フルタイム労働とパートタイム労働の転換制度である。すなわち，正社員として働いていた職場を退職せず，正社員のままフルタイム労働からパートタイム労働への転換を可能にする制度が，育児期の女性が仕事を辞めずに継続就業していくことを容易にしている。第二に諸外国の男性の育児休業取得率が，日本に比べて高いことがあげられる。その根底には，男女間の役割意識の違いなどがあると考えられる。ただ，男性の育児休業取得率が高い国々でも，女性の取得率に比べると男性の取得率は低い。それは，各国に残る男女間の賃金格差が大きく影響していると考えられる（内閣府男女共同参画局 2003）。

❖ 2-2 女性活躍推進法

女性の職業生活における活躍を推進することを目的として「女性の職業生活における活躍の推進に関する法律（女性活躍推進法）」が 2016 年 4 月に施行された（10 年間の時限立法）。同法では，①自社の女性の活躍に関する状況把握・課題分析，②状況把握・課題分析を踏まえた行動計画の策定・届出・公表，③女性の活躍に関する情報公表，の 3 点をおこなうことを企業の義務として課すこととなった（ただし，301 人以上の大企業のみで，300 人以下の中小企業は努力義務）。

> ①自社の女性の活躍に関する状況把握の基礎項目
> 女性採用比率／勤続年数男女差／労働時間の状況／女性管理職比率
> ②行動計画の必須記載事項
> 目標（定量的目標）／取り組み内容／実施時期／計画期間
> ③女性の活躍に関する情報公表の項目
> 女性の職業選択に資するよう，省令で定める情報から事業主が適切と考えるものを公表

　女性の活躍に関する情報公表に関しては，厚生労働省が運営するホームページ「女性の活躍推進企業データベース」[2]上に各社の詳細な情報が集約されている。たとえば，男女別の中途採用の実績，採用における男女別の競争倍率，年次有給休暇の取得率などの情報がある。

　さらに，女性活躍の状況が優良な企業に対しておこなう「えるぼし」認定制度やポジティブ・アクション（男女労働者間に事実上生じている格差の解消を目指した企業の自主的かつ積極的な取り組み）に取り組む企業を表彰する「均等・両立推進企業表彰」が国の政策として実施されている。

3　障害者雇用

❖ 3-1　障害者雇用の現状と今後

　日本の障害者雇用促進制度は，1976年に民間企業における身体障害者の雇用を義務化した後，順次，知的障害者や精神障害者を雇用義務の対象に追加してきた。2013年には，障害者の権利に関する条約[3]などに対応するため「障害者の雇用の促進等に関する法律（障害者雇用促進法）」が改正された。改正障害者雇用促進法では，①雇用分野における障害者に対する差別の禁止および合理的配慮の提供義務，②障害者に対する差別などにかかる苦情処理・紛争解決援助，③精神障害者を法定雇用率の算定基礎に加えることなどを規定している。

---

2) http://positive-ryouritsu.mhlw.go.jp/positivedb/（最終閲覧日：2018年11月30日）
3) 障害者の人権および基本的自由の享有を確保し，障害者の固有の尊厳を促進することを目的として，障害者の権利の実現のための措置などについて定める条約である。同条約の批准にあたり，障害者雇用促進法の改正，障害者差別解消法（通称）の施行がなされた。

①，②については2016年4月に施行され，③については2018年4月に施行された。つまり，2016年4月から，雇用分野において，障害者に対する差別を禁止するとともに，合理的な配慮の提供が義務づけられている。

　合理的配慮とは，障害のある人が障害のない人と平等に人権を享受し行使できるよう，一人ひとりの特徴や場面に応じて発生する障害・困難を取り除くための，個別の調整や変更をいう。たとえば，複雑な指示理解が難しい者に対して，指示を一つひとつ分けて伝えたり，イラストを用いて説明したりすることなどが含まれる。

❖ 3-2　障害者雇用率制度

　障害者雇用促進法の定めにより，事業主は法定雇用率に相当する人数の障害者を雇用しなければならない。具体的な雇用率は，当初は1.5%と定められていたが，1988年に1.6%，1998年に1.8%，2013年に2.0%と徐々に引き上げられている。障害者雇用率制度は障害者の雇用促進の柱であり，1976年に民間企業に対して雇用義務を課して以降，ハローワークが事業主に対する指導を実施している。

　具体的には，雇用率が低い事業主に対して2年間の雇入れ計画の作成を命じ，この計画に沿って雇用率を達成するよう指導する。また，計画が適正に実施されない場合には，厚生労働大臣による計画の適正実施に関する勧告を発令する。さらに，一連の指導にもかかわらず，障害者雇用状況の改善がみられない企業については，企業名を公表している（厚生労働省 2018b）。

　なお，「障害者」の範囲については制度ごとに異なる（表11-2）。障害者雇用率制度のうえでは，身体障害者手帳，療育手帳，精神障害者保健福祉手帳の所有者を実雇用率の算定対象としている。

表 11-2　障害者の範囲 [4]

制　度	障害者の範囲
障害者雇用率制度	身体障害者手帳，療育手帳，精神障害者保健福祉手帳の所有者
障害者雇用に関する助成金制度	上記に加え，統合失調症，そううつ病（そう病，うつ病を含む），てんかんの患者のうち，手帳をもたない者
ハローワーク，地域障害者職業センターなどによる障害者支援制度	心身の障害があるために長期にわたり職業生活に相当の制限を受け，または職業生活を営むことが著しく困難な者

4) 厚生労働省「障害者の雇用」〈https://www.mhlw.go.jp/stf/seisakunitsuite/bunya/koyou_roudou/koyou/jigyounushi/page10.html（最終閲覧日：2018年11月30日）〉による。

Part 2　組織を知るための六つの視点

　一方，障害者雇用に関する助成金については，統合失調症，そううつ病（そう病，うつ病を含む），てんかんの患者のうち，手帳をもたない者も対象となる。

　さらに，ハローワークや地域障害者職業センターなどによる支援においては「心身の障害があるために長期にわたり職業生活に相当の制限を受け，又は職業生活を営むことが著しく困難な者」が対象となっている（表11-2）。

◈ 3-3　障害者雇用の課題

　近年，就労希望者数や雇用者数が大幅に増加している精神障害者の場合，長く安定的に働くことに課題を抱えることが多く，職場定着率が低い傾向にある。また，年齢別の状況をみると，社会全体の高齢化の影響もあり，身体障害者である雇用者にも高齢化傾向がみられるが，一方で知的障害者や精神障害者については若年層が増加傾向にある。

　また，一方で地域での障害者の自立の推進には，雇用，福祉，教育，医療など，障害者を支援する関係機関の連携が求められる。就職から職場定着まで一貫した支援をおこなう「チーム支援」により，「福祉，教育，医療から雇用」への円滑な移行の過程を意識しておく必要がある。

4　高齢者雇用

◈ 4-1　高齢者雇用の現状と今後

　高年齢者であっても意欲と能力がある限り，年齢にかかわりなく働くことができる生涯現役社会の実現に向けたさまざまな取り組みがおこなわれている。

　「高年齢者等の雇用の安定等に関する法律（高齢者雇用安定法）」では，希望者全員が65歳まで働ける制度の導入が企業に義務づけられている[4]。これにもとづき，多くの企業で，①65歳までの定年の引き上げ，②継続雇用制度の導入，または③定年の定めの廃止のうち，いずれかの措置が実施されている。実施状況の割合をみると，②継続雇用制度の導入が最も多く（81.7%），①定年の引き上げを実施した企業

---

4) 2013年4月の改正後に，定年後希望する者を対象に65歳まで雇用することが企業に義務づけられた。2018年の経済財政運営の基本方針（いわゆる骨太の方針）では，65歳を超えても健康な高齢者を労働力化することで人手不足を補うことが議論されている。将来的に70歳定年制も視野に入れていることが読み取れる。

11 ダイバーシティ・マネジメント

が15.7%とつづく。③定年の定めを廃止した企業は2.6%となっており，ほとんどの企業は継続雇用制度によって対応していることがわかる（厚生労働省2015a）。

年齢階級別就業者数の今後の変化をみると，2030年までに40-49歳の就業者数が数百万人単位で減少するのに対し，50-65歳の就業者数は数百万人単位で増加する見通しとなっている[5]。さらに，2035年を見通した場合の高齢社員の特徴として，いわゆる「ホワイトカラー（管理的職業従事者，専門的・技術的職業従事者，事務従事者，販売従事者，サービス職業従事者）」の割合が高まることが指摘される（日本経済団体連合会2016）。

❖ 4-2 高齢雇用者を取り巻く労働環境

厚生労働省の賃金調査によると，50-54歳をピーク（月額約43万円）にして55歳以降の賃金は減少していくことが示されている（厚生労働省2015c）。その背景として，次の二つの要因をあげることができる。

第一の要因は，役職定年制度による賃金減少である。役職定年制度とは，役職者（一般的には部課長職以上）が一定年齢に達したら，管理職ポストを外れ，専門職や非管理職に異動する制度をいう。若手育成，人件費コストの抑制などを理由に導入する場合が多く，日本経済団体連合会が実施した調査によると，約半数の企業が役職定年制を導入していると回答している。また，その年齢は55歳と回答する企業が最も多くなっている。

第二の要因は，先に述べた継続雇用制度である。再雇用時点で一律に給与を減額されることが一般的であり，労務行政研究所がおこなった調査によると，再雇用時点での給与減額後の支給率は平均57.8%となっている（労務行政研究所編集部2013）。つまり，4割以上の給与減を受け入れたうえで継続雇用されているのである。

このような背景を踏まえ，高齢者の「再雇用後の処遇の低下・役割の変化等により，モチベーションが低下」することを多くの企業が課題としてとらえている（日本経済団体連合会2016）。なお，役割の変化が意欲の低下につながる背景として，高齢社員本人が今後どのように企業のなかで活躍していけばよいのか，明確なビジョンをもてずにいることが考えられる。こうした状況を未然に防ぐためには，高齢期を見据えたキャリアデザインを早い段階から意識することが求められるだろう。

---

5) 総務省「労働力調査」〈https://www.stat.go.jp/data/roudou/index.html（最終閲覧日：2018年11月30日）〉および厚生労働省（2015b）による。

参 考 文 献

※ホームページの参照日は，すべて 2018 年 11 月 30 日時点

有村貞則（2007）.『ダイバーシティ・マネジメントの研究──在米日系企業と在日米国企業の実態調査を通して』文眞堂

石井英真（2015）.『今求められる学力と学びとは──コンピテンシー・ベースのカリキュラムの光と影』日本標準

浦上昌則（2015）.「大学生の職業観と職業不決断──尾高（1941）による職業の定義に基づいた職業観の把握」『アカデミア 人文・自然科学編』9, 41-56.

遠藤ひとみ（2011）.「わが国のソーシャルビジネスに関する一考察──アクティブシニアの多様な社会参画を中心として」『嘉悦大学研究論集』53(2), 45-62.

大村剛史・高　亮（2018）.「196 国会で成立した労働関係法律　働き方改革関連法の概要──働き方改革の総合的な推進を目指し，時間外労働の上限規制，年休の時季指定，フレックスタイム制の見直し，雇用形態に関わらない公正な待遇の確保等を内容とする」『労政時報』3958, 67-80.

小田　章（2001）.『経営学への旅立ち』八千代出版

加護野忠男・吉村典久［編著］（2012）.『1 からの経営学 第 2 版』碩学舎

金井壽宏（2002）.『働くひとのためのキャリア・デザイン』PHP 研究所

関西経営者協会（2006）.「「ダイバーシティ専門委員会」報告書──ダイバーシティによる企業競争力の強化が「必要」から「必然」に」

菊池武剋（2012）.「キャリア教育」『日本労働研究雑誌』54(4), 50-53.

キャリタスリサーチ（2018a）.「2019 年卒・新卒採用に関する企業調査──内定動向調査（2018 年 10 月調査）」〈https://www.disc.co.jp/wp/wp-content/uploads/2018/10/537e47a9a21c456c5079a7cf556b7b03.pdf〉

キャリタスリサーチ（2018b）.「2019 年卒特別調査 インターンシップに関する調査」〈https://www.disc.co.jp/wp/wp-content/uploads/2018/03/2019internship_201803.pdf〉

國島弘行（2014）.「1980 年代アメリカにおける企業経営と経営労務──新自由主義的資本蓄積モデル確立の画期として」『労務理論学会誌』23, 23-40.

経済産業省（2006）.「社会人基礎力に関する研究会（中間取りまとめ）」〈http://www.meti.go.jp/committee/kenkyukai/sansei/jinzairyoku/jinzaizou_wg/pdf/001_s01_00.pdf〉

経済産業省（2018）.「平成 29 年 企業活動基本調査確報──平成 28 年度実績」〈http://www.meti.go.jp/statistics/tyo/kikatu/result-2/h29data.html〉

厚生労働省（2002）.「キャリア形成を支援する労働市場政策研究会 報告書」厚生労働省〈https://www.mhlw.go.jp/houdou/2002/07/h0731-3a.html〉

厚生労働省（2015a）.「平成 27 年「高年齢者の雇用状況」集計結果」〈https://www.mhlw.go.jp/stf/houdou/0000101253.html〉

厚生労働省（2015b）.「平成 27 年度 雇用政策研究会報告書」〈https://www.mhlw.go.jp/

stf/houdou/0000105744.html〉

厚生労働省 (2015c).「平成 27 年 賃金構造基本統計調査」〈https://www.mhlw.go.jp/toukei/itiran/roudou/chingin/kouzou/z2015/〉

厚生労働省 (2018a).「平成 29 年 賃金構造基本統計調査」〈https://www.mhlw.go.jp/toukei/itiran/roudou/chingin/kouzou/z2017/index.html〉

厚生労働省 (2018b).「平成 29 年版 厚生労働白書」〈https://www.mhlw.go.jp/wp/hakusyo/kousei/17/index.html〉

国税庁 (2018).「会社標本調査 平成 28 年度分」〈https://www.nta.go.jp/publication/statistics/kokuzeicho/kaishahyohon2016/kaisya.htm〉

小久保みどり (2007).「リーダーシップ研究の最新動向」『立命館経営学』45(5), 23–34.

小松　章 (2002).『企業形態論 第 2 版』新世社

佐藤太裕・谷垣俊行・佐藤諭佳・島　弘幸・井上昭夫 (2016).「竹の節・組織構造が織り成す円筒体としての合理的な構造特性の理論的解明」『土木学会論文集A2 (応用力学)』72(2), I_25–I_34. (Shima, H., Sato, M., & Inoue, A. (2016). Self-adaptive formation of uneven node spacings in wild bamboo. *Physical Review, E93*(2), 022406_1–022406_9.)

産労総合研究所 (2018).「2018 年度 (第 42 回) 教育研修費用の実態調査」〈https://www.e-sanro.net/share/pdf/research/pr_1810.pdf〉

柴田悟一・中橋国蔵 (2003).『経営管理の理論と実際 新版』東京経済情報出版

シャイン, E. H.・尾川丈一・石川大雅／松本美央・小沼勢矢 [訳] (2017).『シャイン博士が語るキャリア・カウンセリングの進め方──「キャリア・アンカー」の正しい使用法』白桃書房

就職みらい研究所 (2018).「就職白書 2018 ── 採用活動・就職活動編」〈https://data.recruitcareer.co.jp/wp-content/uploads/2018/03/syuusei_hakusyo2018katudou.pdf〉

鈴木竜太 (2018).『経営組織論』東洋経済新報社

髙橋　潔・重野弘三郎 (2010).「J リーグにおけるキャリアの転機──キャリアサポートの理論と実際」『日本労働研究雑誌』603, 16–26.

竹内倫和 (2018).「新入社員における組織風土の受容に向けた方策と課題──組織社会化研究の視点から」『産政研フォーラム』117, 10–15.

中央教育審議会 (2011).「今後の学校におけるキャリア教育・職業教育の在り方について (答申)」〈http://www.mext.go.jp/component/b_menu/shingi/toushin/__icsFiles/afieldfile/2011/02/01/1301878_1_1.pdf〉

椿　明美 (2016).「職業統合的学習と就業観」吉本圭一 [編]『大学教育における職業統合的学習の社会的効用──IR 枠組みによる「大学の学習成果と卒業生のキャリア形成に関する調査」報告書』(平成 25-29 年度 文部科学省科学研究費補助金 (基盤研究A)), pp.37–46.

東狐貴一 (2017).「1997-2016 年「日本的雇用・人事の変容に関する調査」に見る日本企業の人事制度の変化と今後の展望──日本型成果主義の模索・浸透を経て，環境変化や法改正により，さまざまな取り組みを迫られた 20 年を振り返る」『労政時報』

3936, 46–63.

内閣府男女共同参画局（2003）.「男女共同参画白書 平成 15 年版」〈http://www.gender. go.jp/about_danjo/whitepaper/h15/summary/danjyo/html/honpen/chap01_00_03. html〉

内閣府男女共同参画局（2018）.「男女共同参画白書 平成 30 年版」〈http://www.gender. go.jp/about_danjo/whitepaper/h30/zentai/index.html〉

西田ひろ子［編］（2000）.『異文化間コミュニケーション入門』創元社

日本学術会議（2012）.「大学教育の分野別質保証のための教育課程編成上の参照基準 経営学分野」〈http://www.scj.go.jp/ja/info/kohyo/pdf/kohyo-22-h157.pdf〉

日本キャリアデザイン学会［監修］（2014）.『キャリアデザイン支援ハンドブック』ナカ ニシヤ出版

日本経済団体連合会（2016）.「ホワイトカラー高齢社員の活躍をめぐる現状・課題と取 組み」〈http://www.keidanren.or.jp/policy/2016/037.html〉

日本生産性本部（2018）.「2018 年度 新入社員春の意識調査」〈https://activity.jpc-net. jp/detail/ird2/activity001536/attached.pdf〉

二村英幸（2009）.『個と組織を生かすキャリア発達の心理学——自律支援の人材マネジ メント論』金子書房

長谷川芳典（2017）.「スキナー以後の心理学（26）——高齢者のライフスタイル構築と 終末」『岡山大学文学部紀要』*68*, 1–17.

花田光世（2016）.「キャリア開発の新展開」労務行政研究所［編］『これからのキャリア 開発支援——企業の育成力を高める制度設計の実務』労務行政, pp.10–55.

平野光俊・江夏幾多郎（2018）.『人事管理——人と企業，ともに活きるために』有斐閣

藤田 誠（2015）.『経営学入門』中央経済社

古田克利（2017）.「職業観、仕事の意味深さおよび組織適応感の関係——組織で働くプ ロフェッショナルを対象にした定量分析」『関西外国語大学研究論集』*106*, 119–137.

古田克利（2018）.「経験代謝理論における経験代謝，自己概念および経験の概念的整理」 『JCDA ジャーナル』*67*, 9–15.

辺見佳奈子（2017）.「米国におけるダイバーシティ・マネジメントの台頭と理論的展開」 『経営研究』*68*(2), 73–96.

ホランド, J. L.／渡辺三枝子・松本純平・道谷里英［訳］（2013）.『ホランドの職業選択 理論——パーソナリティと働く環境』雇用問題研究会

マーサージャパン with C-Suite Club（2008）.『個を活かすダイバーシティ戦略』ファー ストプレス

宮城まり子（2002）.『キャリアカウンセリング』駿河台出版社

文部科学省・厚生労働省・経済産業省（2014）.「インターンシップの推進に当たって の 基 本 的 考 え 方」〈http://www.mext.go.jp/component/a_menu/education/detail/ __icsFiles/afieldfile/2014/04/18/1346604_01.pdf〉

吉川雅也（2018）.「アジャイル・キャリア・デベロップメント試論——適応重視キャリ ア理論のプロセスに関する考察」『関西外国語大学研究論集』*107*, 75–93.

吉田和夫・大橋昭一［監修］（2015）.『最新・基本経営学用語辞典 改訂版』同文館出版

労務行政研究所編集部（2011）.「企業における教育研修の最新実態」『労政時報』*3800*, 10-50.

労務行政研究所編集部（2013）.「改正高齢法施行後の状況を見る──中・高年齢層の処遇実態」『労政時報』*3852*, 37-69.

脇夕希子（2012）.「ダイバーシティ・マネジメントと企業の戦略性──中小企業を事例として」『青森公立大学経営経済学研究』*17*(2), 25-38.

Brigdes, W. (1980). *Transitions: Making sense of life's changes.* Cambridge, MA: Perseus Books.（ブリッジズ, W.／倉光　修・小林哲郎［訳］(1994).『トランジション──人生の転機を活かすために』創元社）

Chao, G. T., O'Leary-Kelly, A. M., Wolf, S., Klein, H. J., & Gardner, P. D. (1994). Organizational socialization: Its content and consequences. *Journal of Applied Psychology, 79*(5), 730-743.

Cox, T. H., & Blake, S. (1991). Managing cultural diversity: Implications for organizational competitiveness, *Academy of Management, 5*(3), 45-56.

Fox, A. (1980). The meaning of work. In G. Esland, & G. Salaman (ed)., *The politics of work and occupations*, Toronto: University of Toronto Press, pp.139-191.

Fransella, F. (1995). *George Kelly.* London: Sage.（フランセラ, F.／菅村玄二［監訳］(2017).『認知臨床心理学の父ジョージ・ケリーを読む──パーソナル・コンストラクト理論への招待』北大路書房）

Guichard, J., & Lenz, J. (2005). Career theory from an international perspective. *Career Development Quarterly, 54*, 17-28.

Hall, D. T. (1976). *Careers in organizations.* Pacific Palisade, CA: Goodyear Publishing.

Hersey, P., & Blanchard, K. H. (1977). *Management of organizational behavior: Utilizing human resources* (*3rd ed.*). New Jersey: Prentice Hall.（ハーシィ, P.・ブランチャード, K. H.・ジョンソン, D. E.／山本成二・水野　基・成田　攻［訳］(1978).『行動科学の展開──人的資源の活用』生産性出版）

Herzberg, F. (1966). *Work and the nature of the man.* New York: Thomas Y. Crowell Co.（ハーズバーグ, F.／北野利信［訳］(1968).『仕事と人間性──動機づけ-衛生理論の新展開』東洋経済新報社）

Kelly, G. A. (1955). *The psychology of personal constructs.* London: Routledge.（ケリー, G. A.／辻平治郎［訳］(2016).『パーソナル・コンストラクトの心理学 第1巻──理論とパーソナリティ』北大路書房）

Lauver, K. J., & Kristof-Brown, A. L. (2001). Distinguishing between employee's perceptions of person-job and person-organization fit. *Journal of Vocational Behavior, 59*, 454-470.

Linville, P. W. (1985). Self-complexity and affective extremity: Don't put all of your eggs in one cognitive basket. *Social Cognition, 3*, 94-120.

Milliken, F. J., & Martins, L. L. (1996). Searching for common threads: Understanding the multiple effects of diversity in organizational groups. *Academy of Management review, 21*(2), 402-433.

Mintzberg, H. (1973). T*he nature of managerial work*. NewYork: Harper Collins Publishers. (ミンツバーグ, H. ／奥村哲史・須貝　栄［訳］(1993). 『マネジャーの仕事』白桃書房)

Rokeach, M. (1973). *The nature of human values*. New York: Free Press.

Schein, E. H. (1990). *Career anchors: Discovering your real values*. San Diego, CA: University Associates. (シャイン, E. H. ／金井壽宏［訳］(2003). 『キャリア・アンカー──自分のほんとうの価値を発見しよう』白桃書房)

Schlossberg, N. K. (1981). A model for analyzing human adaptation to transitions. *The Counseling Psychologist, 9*, 2–18.

Schlossberg, N. K. (2000). *Overwhelmed: Coping with life's ups and downs*. Lanham, MD: Lexington Books. (シュロスバーグ, N. K. ／武田圭太・立野了嗣［監訳］(2000). 『「選職社会」転機を活かせ』日本マンパワー出版)

Schwartz, S. H. (1994). Are there universal aspects in the structure and contents of human values? *Journal of Social Issues, 50*, 19–45.

Spencer, L. M., & Spencer, S. M. (1993). *Competence at work: Models for superior performance*. New York: Wiley. (スペンサー, L. M.・スペンサー, S. M. ／梅津章順・成田　攻・横山哲夫［訳］(2011). 『コンピテンシー・マネジメントの展開 完訳版』生産性出版)

Super, D. (1980). A life-span, life-space approach to career development. *Journal of Vocational Behavior, 16*, 282–296.

事項索引

あ行

RJP（realistic job previews） 118

アジャイル・キャリア・デベロップメント 120

一般社団法人 101
異動希望申告制度 124
インターンシップ 105

売上高経常利益率 72

SPI対策 110
EDINET（エディネット） 75
NGO（Non-Governmental Organization／非政府組織） 99
NPO（Non-Profit Organization／民間非営利組織） 98
FA制度 124
M字カーブ 134
LLC（Limited Liability Company） 97
「えるぼし」認定制度 136

OJT（on-the-job training） 118, 119
親会社 79

か行

会社標本調査 102
外的キャリア 4

家計 94
過去のキャリア 10
過去への意味づけ 11
価値 41
活動の束 35
株式会社 97
株式会社デンソー 81
考え抜く力 54
関連会社 79

企業 94
基礎学力 53
基本給 84
GAB/CAB 110
キャリア
　——の多義性 3
　——の転機 15
　——の節目 15
　外的—— 4
　過去の—— 10
　客観的—— 4, 5
　狭義の—— 7, 8
　現在の—— 10
　広義の—— 7, 8
　主観的—— 4, 5
　内的—— 4, 5
　未来の—— 10, 11
キャリア・アンカー 45
キャリアカウンセラー 110
キャリア観 6, 63
キャリア教育 105, 121
キャリア形成支援 8
キャリアコンサルタント

123
キャリアコンサルティング 124
キャリア採用 3
キャリア自律 120
　——支援 122
キャリア制度 3
キャリアデザイン研修 123
キャリア・トランジション（人生の節目） 15, 16, 39
キャリアパス 6
キャリア発達理論 29
キャリアマップ 62
業績評価 127
共同企業 96, 97

経営理念 126
経済的職業観 43
継続雇用制度 139
継続的事業体 93
京阪ホールディングス株式会社 70, 71

公企業 96
合資会社 97
合同会社 97
行動結果面接 111
行動評価 127
合名会社 97
高齢者雇用 138
高齢者雇用安定法 138
子会社 79

個人企業　96, 97
個人的職業観　43
個別企業集団　78
コンピテンシー　64, 111
　　——採用　65, 109
　　——面接　110, 112

さ行
サーバント型のリーダーシップ　57
サービス・ラーニング　106
最終価値　42
財務諸表　69
財務分析　69
残業代　84

私企業　96
事業兼営型　78
自己資本　71
自己資本比率　73
自己資本利益率（ROE）　73
仕事
　　——の意味　43
　　——の意味深さ　44
　　——の個人的意味　43, 44
　　——の社会的意味　43
自己複雑性理論　32, 39
自伝的エピソード　37
自伝的記憶　37
資本集約型　89
社会人基礎力　53, 55
社会的職業観　43
社内公募制度　124
収益性　72
終焉　22
主観的意味づけ　6
主観的キャリア　4, 5

手段価値　42
生涯時期　38, 39
障害者雇用促進制度　136
障害者雇用率制度　137
障害者の権利に関する条約　136
状況理論　58
賞与　84
職業観　43
職業能力開発促進法　122
職業能力評価基準　60
女性活躍推進法　135
女性の活躍推進企業データベース　136
諸手当　84
所定内給与　84
人生100年時代　30
新入社員研修　118, 119

ストレス　32
ストレスコーピング　110
ストレス耐性　109
3ステップ・モデル　22

精神的健康　11, 43
政府　93
専門職制度　60
専門知識　54

増益率　71
増収率　71
組織社会化　117
組織社会化戦術　118
組織内社会化　118
ソニー株式会社　76
損益計算書　69

た行
第3セクター　96
貸借対照表　69, 71

ダイバーシティ・マネジメント　131
玉手箱Ⅲ　110
WIL（Work Integrated Learning／職業統合的学習）　106

チームで働く力　55
中立圏　22
超勤手当て　84
賃金カーブ　85
賃金格差　90
賃金の基本構造　83

適性検査　108
テストセンター　108
伝統的キャリア　120

特定非営利活動促進法（NPO法）　99
トヨタ自動車株式会社　79

な行
内的キャリア　4, 5

日本標準産業分類　76
日本標準職業分類　79
人間性　53

ネガティブ・スピルオーバー　8
年功的賃金体系　85

能力主義的賃金体系　86
能力評価　127
ノンイベント型の転機　19

は行
パーソナリティ・タイプ　51

パーソナル・コンストラクト　32
バウンダリレス・キャリア　120

BS（Balance Sheet）　71
PL（Profit & Loss Statement）　70
PBL　106
東日本旅客鉄道株式会社　78

4Sシステム　20
副業　30
ブルーカラー　81
プロアクティブ行動　118
プロティアン・キャリア　120

変革型のリーダーシップ　58

法人格　97
簿記　70

ポジティブ・スピルオーバー　8
ホワイトカラー　81, 139

ま行
前に踏み出す力　54
マネジャー　58

未来のキャリア　10, 11

メンター　123
メンター制度　118, 119
メンタルヘルス　109

持株会社　78
持株会社型　78

や行
役職定年制度　139
役割価値期待　31, 32
役割関与　31
役割参加　31
役割主義的賃金体系　86

予期的社会化　118

ら・わ行
ライフ・キャリア・レインボー（虹のモデル）　8, 29, 35, 39

RIASEC（リアセック）モデル　51
リアリティショック　118
リーダーシップ　57
　——の条件適応理論　58
リストラ　79
流動比率　73

連結決算制度　79

労働集約型　89

ワーク・ライフ・バランス　123

人名索引

A-Z
Chao, G. T.　118

Fox, A.　43

Kelly, G. A.　32
Kristof-Brown, K. J.　52

Lauver, A. L.　52
Linville, P. W.　32

Spencer, L. M.　64
Spencer, S. M.　64

あ行
有村貞則　131

石井英真　64

浦上昌則　43

か行
金井壽宏　4

菊池武剋　30
ギチャード（Guichard, J.）
　17

國島弘行　i
小松　章　78

さ行
佐藤太裕　16

柴田悟一　57
シャイン（Schein, E. H.）
　45, 49
シュロスバーグ
　（Schlossberg, N. K.）
　19, 20
シュワルツ（Schwartz, S.
　H.）　42, 43
新村　出　3

スーパー（Super, D.）　4,
　8, 29
鈴木竜太　46

た行
椿　明美　106

な行
中橋国蔵　57

二村英幸　45

は行
ハーシー（Hersey, P.）
　58
ハーズバーグ（Herzberg,
　F.）　91
長谷川芳典　35, 36

花田光世　ii, 122

ブランチャード（Blanchard,
　K. H.）　58
ブリッジズ（Bridges, W.）
　22, 23, 25, 27
古田克利　37, 44

辺見佳奈子　132

ホール（Hall, D. T.）　3
ホランド, J. L.　51, 52

ま行
マクレランド, D.　64

ミンツバーグ（Mintzberg,
　H.）　58-60

や行
吉川雅也　120, 121

ら行
レンツ（Lenz, J.）　17

ロキーチ（Rokeach, M.）
　42

わ行
脇夕希子　131

著者略歴

古田克利（ふるた かつとし）
立命館大学大学院テクノロジー・マネジメント研究科准教授。
同志社大学大学院総合政策科学研究科修了。博士（技術・革新的経営）。
主な著書に『IT 技術者の能力限界の研究──ケイパビリティ・ビリーフの観点から』（日本評論社，2017 年：日本労務学会賞（学術賞）受賞）。

キャリアデザイン入門
自分を探し，自分をつくる

2019 年 5 月 15 日	初版第 1 刷発行
2025 年 3 月 31 日	初版第 4 刷発行

著　者　古田克利
発行者　中西　良
発行所　株式会社ナカニシヤ出版
〒606-8161　京都市左京区一乗寺木ノ本町 15 番地

	Telephone　　075-723-0111
	Facsimile　　075-723-0095
Website	http://www.nakanishiya.co.jp/
Email	iihon-ippai@nakanishiya.co.jp
	郵便振替　01030-0-13128

印刷・製本＝ファインワークス／装幀＝白沢　正
Copyright © 2019 by K. Furuta
Printed in Japan.
ISBN978-4-7795-1347-3

本書のコピー，スキャン，デジタル化等の無断複製は著作権法上の例外を除き禁じられています。本書を代行業者等の第三者に依頼してスキャンやデジタル化することはたとえ個人や家庭内での利用であっても著作権法上認められていません。

ナカニシヤ出版・書籍のご案内　表示の価格は本体価格です。

大学生からのグループ・ディスカッション入門

中野美香［著］就職活動や職場での会議のために，グループ・ディスカッションのスキル
を具体的に高めるテキスト。書き込み便利なワークシート付き。　　　　　1900円＋税

大学生からのプレゼンテーション入門

中野美香［著］書き込みシートを使って，現代社会では欠かせないプレゼン能力とプレ
ゼンのマネジメント能力をみがき，段階的にスキルを発展！　　　　　　　1900円＋税

大学1年生からのコミュニケーション入門

中野美香［著］充実した議論へと誘うテキストとグループワークを通じてコミュニケー
ション能力を磨く。高校生，大学生，社会人向けテキスト。　　　　　　　1900円＋税

話し合いトレーニング

伝える力・聴く力・問う力を育てる自律型対話入門　大塚裕子・森本郁代［編著］様々
な大学での授業実践から生まれた，コミュニケーション能力を総合的に発揮する話し
合いのトレーニングをワークテキスト化！　　　　　　　　　　　　　　　1900円＋税

大学生のための日本語リテラシーとレポートライティング

初年次ゼミ対応テキストブック　宮武里衣著　自己紹介、メールの書き方、ノートの取
り方など学びの基本を身につけ、問いを立て、本を読み、作法を身につけ論文を書いて
みよう。　　　　　　　　　　　　　　　　　　　　　　　　　　　　　　2200円＋税

コミュニケーション実践トレーニング

杉原　桂・野呂幾久子・橋本ゆかり［著］信頼関係を築く，見方を変えてみる，多様な
価値観を考える──ケアや対人援助などに活かせる基本トレーニング。　　1900円＋税

大学生のためのディベート入門

論理的思考を鍛えよう　内藤真理子・西村由美［編著］1冊で準備から試合までの一連
の流れを経験。振り返りを共有し，ディベートの構造を理解し，自らの論理を客観的に
みるための入門書。　　　　　　　　　　　　　　　　　　　　　　　　　2300円＋税

自己発見と大学生活

初年次教養教育のためのワークブック　松尾智晶［監修・著］中沢正江［著］アカデミ
ックスキルの修得を意識しながら、「自分の方針」を表現し合い，問いかけ，楽しみつ
つ学ぶ機会を提供する初年次テキスト。　　　　　　　　　　　　　　　　1500円＋税

3訂 大学 学びのことはじめ

初年次セミナーワークブック　佐藤智明・矢島　彰・山本明志［編］高大接続の初年次教育に最適なベストセラーワークブックをリフレッシュ。全ページミシン目入りで書込み，切り取り，提出が簡単！　　　　　　　　　　　　　　　　1900 円＋税

実践 日本語表現

短大生・大学 1 年生のためのハンドブック　松浦照子［編］聴く・書く・調べる・読む・発表するなどアカデミックスキルの基礎と就職活動への備えを一冊に。教育実践現場で磨かれた実践テキスト。　　　　　　　　　　　　　　　　2000 円＋税

大学 1 年生のための日本語技法

長尾佳代子・村上昌孝［編］引用を使いこなし，論理的に書く。徹底した反復練習を通し，学生として身につけるべき日本語作文の基礎をみがく初年次科目テキスト。
　　　　　　　　　　　　　　　　　　　　　　　　　　　　　　1700 円＋税

学生のための学び入門

ヒト・テクストとの対話からはじめよう　牧　恵子［著］「何かな？」という好奇心からスタートしましょう。好奇心に導かれた「対話」から，訪れる気づきを「書く」力をみがきます。　　　　　　　　　　　　　　　　　　　　　　1800 円＋税

理工系学生のための大学入門

アカデミック・リテラシーを学ぼう！　金田　徹・長谷川裕一［編］キャンパスライフをエンジョイする大学生の心得を身につけライティングやプレゼンテーションなどのリテラシーをみがこう！　　　　　　　　　　　　　　　　　　1800 円＋税

自立へのキャリアデザイン

地域で働く人になりたいみなさんへ　旦まゆみ［著］なぜ働くのか，ワーク・ライフ・バランス，労働法，ダイバーシティ等，グローバルに考えながら地域で働きたい人のための最新テキスト。　　　　　　　　　　　　　　　　　　　1800 円＋税

キャリア・プランニング

大学初年次からのキャリアワークブック　石上浩美・中島由佳［編著］学びの心構え，アカデミック・スキルズはもちろんキャリア教育も重視したアクティブな学びのための初年次から使えるワークブック。　　　　　　　　　　　　　　　1900 円＋税